枞阳文化丛书

"枞阳文化丛书"编委会编 | 丛书主编　钱叶全

王乐群　著

枞阳
历史名人传略

合肥工业大学出版社

枞阳要大力加强文化建设，坚持打好文化资源牌，充分发挥名人效应，增强文化自信，将文化底蕴和名人资源转变为发展优势，推动文化大县向文化强县跨越，促进枞阳经济社会全面进步。

切实做到"三个坚持"，一要坚持以人民为中心的创作导向，深入挖掘枞阳文化时代内涵，提升方苞文学奖、朱光潜艺术奖影响力，丰富文化产品供给。二要坚持大力发展文化产业，推动文化与旅游、科技等融合发展，建成一批重大文化产业项目。三要坚持发掘提炼"枞阳精神"，增强全县人民文化素养和文化自觉，努力建设文化强县。

——选摘中共铜陵市委常委、枞阳县委书记刘亚东在首届"方苞文学奖朱光潜艺术奖"颁奖会议上的讲话

序

做好枞阳文化创新的时代课题 ｜ 罗成圣

　　文化是一个地区的特质和灵魂。枞阳地处吴头楚尾，滨江怀湖，有着五千多年文明史、三千多年建城史、两千多年建县史，独特的区位和悠久的历史，形成了具有枞阳特色的地域文明和文化精神。

　　枞阳自古就是钟灵毓秀之地，教育发达，人文荟萃，名人辈出。在"安徽百位历史文化名人"中占据 11 位。先后涌现出"铁骨御史"左光斗，百科全书式的大师方以智，桐城派代表人物方苞、刘大櫆、姚鼐，以及中国农工民主党主席章伯钧，将军、外交家、艺术家黄镇，中国"计算机之父"慈云桂，著名美学家、中国现代美学奠基人朱光潜，"一代大哲"方东美等一批风流人物。当代杰出人物层出不穷，以"两院"院士汪旭光、陆大道、丁汉、王福生等为代表，分布在世界各地的枞阳才俊如大江潮涌，竞展风流。

　　枞阳是桐城派的发源地，桐城派的代表人物及后起之秀大多生长在这块土地上。他们师徒相传，著书立说，学术宏富，形成了庞大的作家和学术群体，蔚成"何意高文归一县，遂令天下号宗师"的文化奇观。桐城派从枞阳走向全国，影响清代文坛两百余年，南极湘桂，北被燕赵，享有"文章甲天下，冠盖满京华"的盛誉，成为中国文学史上历时最长、参加人数最多、影响最大的文派。

枞阳既是历史悠久的文化大县，又是经济快速发展的新兴地区。枞阳雄踞八百里皖江之中，位居合肥、铜陵、安庆、池州四市之间，"一带一群四区"六大国家战略叠加效应明显，区划调整后经济社会建设得到市委、市政府"五个优先"支持，已经迎来新一轮的大发展、快发展。"十三五"时期，县委、县政府将团结带领全县人民，努力把枞阳建设成为世界铜都江北副中心、合肥都市圈通江达海重要门户、长江经济带重要区域节点、现代旅游休闲养生度假重要基地。

文化包涵着兼容、开放和创新。面临枞阳"十三五"发展的大开放格局，枞阳文化迎来了继承弘扬、熔旧铸新的时代课题。如何继承弘扬枞阳优秀传统文化，如何把枞阳的文化名片做大做亮，需要全球视野，需要大开放的战略，需要海纳百川的胸襟，需要枞阳时代文化的吐故纳新。毫无疑问，这需要在历史文化的根基上形成一系列创新文化体系，包括加快现代公共文化服务体系建设，实施一批文化惠民工程，提升公共文化服务供给能力；坚持以人民为中心的创作导向，深入挖掘枞阳文化时代内涵，提升方苞文学奖、朱光潜艺术奖影响力，丰富文化产品供给；大力发展文化产业，推动文化与旅游、科技等融合发展，建成一批重大文化产业项目；大力弘扬社会主义核心价值观，发掘提炼"枞阳精神"，增强全县人民文化素养和文化自觉，努力建设"文化强县"等。创新是枞阳文化的灵魂。只有不断创新，才能保证枞阳文化的生生不息，才能将文化优势转变为枞阳的发展优势。

正是在这样的背景下，"枞阳文化丛书"第一次较为系统地梳理出枞阳历史名人、古代诗文选、当代文学及剧本、民俗风情和非物质文化遗产等精粹。这套丛书的出版，既是枞阳文化建设的一大成果，又是继承和发扬枞阳优秀传统文化的重要媒介。希望更多的有识之士参与到发掘、研究和弘扬枞阳文化的行动中来，续写无愧于先贤、无愧于时代、无愧于后世的文化新篇。也希望"枞阳文化丛书"作为一个文化创新品牌，在彰显枞阳文化自信、发展自信上，形成文化创新系列和出版系列，坚持不懈地锻造文化佳作，输出精品力作，传播正能量，引导大潮流，展示枞阳文化永恒的魅力。

枞川文明生生不息，枞阳精神薪火相传。感谢枞阳大地，感谢枞阳人民，让我们共同仰望这片土地上的灿烂星空。

（作者系枞阳县人民政府县长，"枞阳文化丛书"编委会主任）

出版说明

　　本书为今枞阳籍的 43 位历史名人立传，实事求是地记述了他们的人生经历和历史业绩，真实地反映了历史的本来面目，是一本颇有地方特色的传记读物。

　　本书在编写过程中，参阅了大量的地方志书、历史文献和今人的有关著述，因篇幅有限，恕不一一列举，请谅解。

　　本书内容广泛、纵横古今且涉及面广，加之作者受知识水平的限制，书中一定还存在不少问题、缺点和错误，敬请广大读者批评、指正。

作　者

2016 年 5 月 8 日

目 录

范增传略

《史记·项羽本纪》载："居巢人范增，年七十，素家居，好奇计。"《辞海》载："范增，项羽谋士，居巢（今安徽桐城南）人。"又载："居巢，古县名，秦置。治所在今安徽桐城南。"据谭其骧主编的《中国历史地图集》的标识和宁业高《居巢考释》等研究资料表明：秦置居巢县，在今桐城南菜籽湖、白荡湖之间，属今枞阳县境。公元前277年，这里诞生了一位足智多谋的历史人物，他的名字叫范增（公元前277年至公元前204年）。

秦二世元年（公元前209年）7月，陈胜、吴广领导的中国历史上第一次大规模的农民起义爆发。项梁、项羽叔侄二人在苏州起兵响应，并很快发展成为反秦的主力军。

公元前208年，项梁督率人马进至今山东滕县时，得知陈胜被叛变的车夫庄贾杀害的消息后，便紧急召集各路起义首领议事，共同商讨立王、反秦大计。忽有守卒来报，营外有一位年老的长者前来投靠，项梁见他年高70多岁，便将他收留在身边。

　　一日，项梁、项羽叔侄二人再议立王之事。范增竟然打断他俩的谈话，振振有词地说："陈胜败北，理所当然。但秦灭六国，楚最无罪。自楚怀王入秦赴约，下落不明，楚人至今怀念。故楚人有言：'楚虽三户，亡秦必楚。'现今陈胜率先起事，不立楚后而自立，其势不能长久已属意料之中。君起事江东，楚将蜂拥而起，争相归附，皆因君乃世世楚将，希冀能复立楚国后代之原因。今上将军若能遂楚人所愿，拥立楚之后为王，督率兵马攻秦，必为天下诸侯敬服。"按范增之策略，"立楚后、号召反秦"，以扩大影响，这不仅对动员旧贵族奋起抗秦有一定的凝聚力，而且对百姓反秦也有很大的号召力。

　　项梁采纳了范增的建议，派他到民间找回了原楚怀王的孙子熊心，拥立为王，仍号楚怀王，作为反对秦王朝的"共主"；项梁自号武信君，掌握军政大权，成为各路起义军的实际首领。从此，项梁势力迅速发展壮大，成为起义军中最大的一支劲旅。苏轼在《范增论》中云："项氏之兴，以立楚怀王孙心。"

　　项梁在定陶阵亡后，楚怀王熊心任命宋义为上将军，统率全军，项羽为次将，范增为末将，率兵援赵击秦。行至安阳，依范增计，项羽给宋义加了个与齐合谋反楚的罪名，斩杀了他，并自立为上将军。

　　公元前208年12月，巨鹿之战时，范增向项羽进言说："古人云：'置之死地而后生'，要想摆脱困境，只有使全军将士个个怀着不胜则死的念头，全力以赴，决一死战，才能绝处逢生。"项羽断然下令，凿沉所有船只，砸碎全部炊具，烧毁军营，每人只准带三天粮食，"以示士卒必死，无一还心"。楚军将士觉得这是到了绝地，人人奋勇当先，直向巨鹿进发，以迅雷不及掩耳之势冲向秦军阵地。两天之内，交战九次，范增替项羽出主意、定计谋，最终楚军以少胜多，九战九捷，生擒秦将王离，秦军死伤过半，秦大将章邯逃往城南大营。项羽准备率兵追杀章邯，范增拦住他说："上将军不必过急，章邯手下尚有 20 万人马，一时不易消灭，现在秦廷赵高用事，二世昏庸，他们若知章邯大败，肯定不会轻饶他。我军不如暂时驻扎下来，等他们起内讧，再取章邯也不为晚。"果然不出范增所料，章邯兵败巨鹿之后，派副将司马欣回咸阳求救兵，赵高拒不接见。秦将章邯、司马欣等投降项羽。秦军主力被歼灭，反秦战争取得了决定性的胜利。战后，项羽封范增为历阳侯，尊称为亚父。

公元前 207 年 10 月，另一支农民起义军在刘邦的率领下，攻克咸阳，秦朝灭亡，刘邦旋即还军霸上。11 月，项羽入函谷关，驻军于新丰鸿门，两军对垒。当时，刘邦有 10 万之师，项羽拥兵 40 万。

形势的变化及刘邦的所作所为，使范增已察觉到刘邦是项羽争夺天下的最大对手。他向项羽献言说："沛公刘邦居山东时，贪于财货，好美姬，乃酒色之徒。（入关以来），财物无所取，妇女无所幸，足见其志向不小，抱负远大。……吾令人望其气，有龙虎之象，成五色之形，此乃天子之气，应急速进击，勿失良机。"催促项羽立即举兵攻打刘邦，不能给他以喘息、发展的机会。于是项羽下令犒赏三军，于次日天亮进攻，一场恶战已迫在眉睫。

项羽叔父项伯（与张良有深交），即夜驰入刘邦营中，劝刘邦的谋士张良赶快逃走，否则性命难保。张良将项羽进击的消息告知刘邦，处于劣势的刘邦用张良计，与项伯结义联姻，并请项伯转告项羽，次日一早将亲赴鸿门拜见项羽。因而便有了历史上著名的"鸿门宴"。

宴会上，项羽开怀大饮，大块吃肉；刘邦提心吊胆，不敢多喝。席间，范增向项羽频频暗使眼色，要他擒杀刘邦，项羽默然不动。范增又多次举起身上所佩的玉玦，示意项羽速下决断，项羽只顾喝酒，不理不睬。范增便招来武将项庄，对他说："项王过于仁慈，心肠太软，不忍向刘邦下手。你快去进帐敬酒，敬完酒则请以舞剑助兴，伺机刺杀刘邦，除去后患。"项庄立即进帐敬酒，敬过酒后，项庄说："君王与沛公饮酒，无以为乐，请允许我舞剑助兴。"项羽点头应允。

项庄拔剑起舞，慢慢地移近了刘邦。在这千钧一发之际，项伯随即拔剑，与他对舞起来，屡屡以身护住刘邦，使项庄无法下手。……刘邦溜出军帐，抄小路返回霸上。张良送走刘邦后，便进入帐中，彬彬有礼地拜辞道："沛公不善饮酒，醉不能辞。仅奉白璧一双，敬献大王；玉斗一双，献于范将军。"范增因杀刘邦之计未成，无比懊恼，将玉斗摔到地上，拔剑砍了个粉碎，暗怨而气愤地说："竖子不足为谋！"并预言："（今后）夺项王天下者，必为沛公。我辈必将成为他阶下的囚虏！"范增导演下的本来应是一场刀光剑影的大拼杀却如此收场。项羽、刘邦之间的矛盾暂时和解，刘邦及其军队幸免于难。

公元前204年，楚王项羽亲率大军将刘邦围困于荥阳。无奈之下，汉王刘邦采纳了张良提出的"暂与项羽讲和"的缓兵之计，遣使入楚，致书项羽，愿以荥阳以北的鸿沟为界，以东归楚，以西归汉。范增得此消息，向项羽进谏说："刘邦被困孤城，粮草断绝，极易攻灭，万万不能讲和。如果这次将他放过，日后将后悔莫及。"于是项羽令围城将士猛攻荥阳，活捉刘邦。刘邦求和不得，欲逃不能，焦急忧虑，咨问谋士陈平："天下纷纷，何时能定？"陈平说："大王所虑，无非是为着项王。臣料项羽的骨鲠之臣，不过范增、钟离昧、龙且、周殷数人。若能捐出数金，行贿楚人，制造流言，进行反间，使楚国君臣自行猜疑。项羽为人易猜忌，信谗言，必自相诛。然后汉军乘隙举兵进攻，定能破项羽。"刘邦即命左右取出黄金四万斤，交其行事，不问出入多少。陈平便暗派属下，扮作楚兵模样，怀金混入楚军中，贿买项王左右，散布流言蜚语："钟离昧等人身为楚王大将，功劳卓著，却不能裂土封王，因此心怀怨恨，欲与汉军联结，共灭项氏而分王其地。"反间计果然奏效。项羽一闻传言，便派遣使者到荥阳汉营探察内情。

赴汉的楚使一来便中了陈平设的"以恶草具进楚使"之计。楚使进营之后，陈平笑脸相迎，令人向楚使进献用精美餐具盛装的牛、羊、豕三牲具备的太牢盛馔，这是古时诸侯遣使交聘的最高礼节。双方入座，陈平假装客气，殷勤地问道："亚父范大将军派贵使前来有何见教？有他的手书吗？"楚使被问得莫名其妙，不知以何言相答，只好反问道："我乃霸王亲遣的使者，怎会有范老先生的书信？"陈平故意皱起眉头，佯装惊愕地说："吾以为是亚父范增的使者，原来是项王的使者！"陈平白了楚使一眼，起身离去。并让人撤去太牢盛馔，换了用劣质餐具盛装的不带肉腥的简单菜蔬饭食招待楚使。楚使见此，大为恼火。

楚使回营后把详情向项羽一禀报，项羽果然动了疑心，猜忌范增与汉王私通。范增不知其情，又劝项羽急攻荥阳，项羽态度冷淡，不再依从。机不可失，时不再来，一心只想设法为西楚霸王除去汉王的范增终于忍不住了，他直谏霸王道："古人云：'当断不断，反受其乱。'从前鸿门之宴时，臣劝大王速杀那刘贼，大王不从臣言，因致养痈遗患。如今复得天赐机会，将他困在荥阳，请大王速战速决，消灭刘邦。若再让他逃脱，等于纵虎离山，一旦卷土重来，必不可敌。臣恐我不逼人，人且逼我，到时后悔还来得及吗？"骄横、多疑、霸道的项羽勃然大怒，二话没说，离座而去。此后，遇事再也不与范增商量，并削减其权，不用范增，坐失消灭刘邦的良机。

年逾七旬的亚父范增，辅佐项羽达 4 年之久，转战南北，历经数战，屡出奇计，多有效果，为项氏大业立下了许多功劳。一片忠心，反被猜忌，范增顿时心灰意冷，便对项羽说："天下事大定矣，大王自为之，愿请骸骨归。"范增怀着满腔忧愤，凄凄惶惶地离开了楚营。在回老家居巢的路上，背生痈疽而死。范增离去的第二年，楚汉相争的力量对比已发展为有利于汉王刘邦而不利于楚王项羽。

汉高祖刘邦定都长安之后，在与众臣讨论他之所以能战胜项羽取得天下的原因时说："夫运筹策帷帐之中，决胜于千里之外，吾不如子房。镇国家，抚百姓，给馈饷，不绝粮道，吾不如萧何。连百万之军，战必胜，攻必取，吾不如韩信。此三者，皆人杰也，吾能用之，此吾所以取天下也。项羽有一范增而不能用，此其所以为我擒也。"这就充分说明了范增在项羽军中的重要性以及范增的才能。苏轼在《范增论》中评曰："（范）增，高帝之所畏也；增不去，项羽不亡。亦人杰也哉！"

王胜传略

王胜（1324—1363），字均德，枞阳县会宫镇会宫村人。徐达撰题的《王胜业绩碑》称其："志气豪迈，风采异人，笃志于学，手不释卷，尤善兵法。"他少有大志，尝自言："手胝足胼，不过一身温饱而已，孰若始焉忧天下之忧，终焉乐天下之乐乎！"

元至正十四年（1354年），王胜在枞阳会宫举起义旗，扎寨城山，垒石筑墙，招募勇士，练兵布阵，抗击元军，队伍很快就发展到3000多人。至正十五年（1355年）4月，王胜得知朱元璋率领的起义军将"自和州渡江取太平"的消息后，便领着队伍，向和州进发，投靠朱元璋。朱元璋见他身材高大，强壮有力，刚毅勇武，即授王胜为百户。

至正十六年（1356年）3月1日，朱元璋亲率水陆大军5万人，三攻集庆（南京），血战12天，攻下了元军占领的集庆后，任命王胜为千户。随后，王胜从军先后参加了攻占镇江、金坛、丹阳、广德、常州、扬州和宁国等地的战斗。至正十九年（1359年）正月，王胜与红巾军一起，冲锋陷阵，奋勇作战，攻克诸暨，9月，克衢州，11月，克处州，再移师围攻杭州。在攻占应天、随军东征、出击东南、夺取浙东地区等一系列战斗中，王胜"皆与有功"，充分显示了其英勇善战的才能，受到朱元璋的器重，"遂升为元帅府右副元帅"。

至正二十年（1360年）4月，常遇春、王胜与徐达联兵强攻枞阳水寨，数日未克。于是，3人决定派人夜间秘密潜入枞阳，用重金收买赵普胜的左右亲信，让他跑到江州陈友谅面前进谗，说赵普胜的坏话。反间计果然奏效，陈友谅一生气，竟派人将赵普胜斩了。5月初，徐达、常遇春、王胜领兵破枞阳水寨，占领枞阳。接着又在九华山下设伏，打得陈友谅措手不及，10000余人被歼，3000多人被俘。

至正二十一年（1361年）5月，在龙湾决战中，王胜带领一支精兵埋伏在应天西北部的石灰山一带。当陈友谅军进入埋伏圈后，王胜挥师出击，猛冲猛打，与诸路伏兵相互配合，内外夹击，一举击溃陈友谅，歼灭大批敌军，生俘7000多人，缴获100多艘战舰。陈友谅乘小船逃往江州（九江）。8月，朱元璋率徐达、常遇春、王胜等乘胜西上，收复安庆，杀奔江州。

江州地处鄱阳湖口西侧，陈友谅长期据守于此，城防坚固，守军剽悍，防守十分严密。朱元璋率军从水陆两路连续猛攻两昼夜，一时难以攻克。强攻不拔，只能智取。朱元璋派廖永忠密测城堞的高度，派王胜等到山上砍来高大的毛竹，于总攻的前一夜，在几十艘大船上搭装好高高的竹架。天色将曙，月淡星稀，正是守军疲困之时，朱元璋一声令下，将士们登上大船，悄悄地向城边划去。大船抵达城根，王胜等率领攀附在竹架上的勇士登上城堞，摸入敌营，举火鸣枪，擂鼓进军。正在酣睡的守军被鼓噪声惊醒，不知出了什么事，惊呼狂叫，乱成一团。王胜挥起大刀，指东打西，指北打南，拼死冲杀。陈友谅急忙携带妻子老小和心腹将吏，乘船突围，逃往武昌。朱元璋乘胜进击，占领洪都（南昌）、瑞州、吉安等州县。江州一战，王胜立了头等战功，得到朱元璋的赏识，"赐金带一、良马一，升宣尉使，敕守江州，保障安庆"。王胜成为朱元璋手下一位杰出的将领。

至正二十三年（1363 年）4 月，陈友谅亲率 60 万大军进围洪都。7 月，朱元璋、徐达、常遇春、王胜等率领主力部队 20 万人驰援。陈友谅被迫撤离洪都，东出鄱阳湖，"集巨舰，连锁为阵"迎战。朱元璋率诸将直抵湖口，由松门入鄱阳湖。

7 月 21 日，朱元璋与陈友谅的船队在湖中康郎山附近的水域相遇，两军展开阵势，船队越来越近。20 万朱元璋军队对 60 万陈友谅大军，中国古代规模最大的一次水上大决战——鄱阳湖大战爆发了。激战开始，火炮齐鸣，片刻间水上硝烟四起，箭雨乱飞。大将身先士卒，士兵奋勇上前，短兵相接中，杀声震天，双方都死伤无数。

7 月 23 日，双方战事又起，号角声声，炮火互射，继而短兵相接，打得难解难分，双方陷入相持。这时，忽然刮起了东北风。湖面寥廓，大风呼啸而来，激起波涛万顷。朱元璋见陈友谅联舟布阵，转动不便，决定采纳部将郭兴的建议，使用火攻战术。于是到军营征求敢死队员。王胜挺身而出，自愿报名，要求参加敢死队。朱元璋对王胜说："此行恐不生还。"王胜答道："应死募，岂有生心乎！"拔出大刀，直指敌营，"怒目呼曰：'我之与贼，不共戴天，今日之事，有死而已！'"

包括王胜、丁普郎等 35 名大将在内的敢死队组成了。他们驾驶着上面满载芦苇，下面填满火药的 7 艘小船，趁着暮色、顺着风向飞速前进，逼近敌舰。陈友谅不知是计，见有白船进攻，命令发射火炮箭弩迎击。王胜立在船头指挥，身中多箭，仍昂首挺立，促舟速行，被陈友谅军"惊为神人"。不多时，那 7 条白船中炮，轰然火起。王胜等敢死队员们，驾着火焰冲天的小舟向前猛冲，向联舟布阵的大红船撞去，陈友谅的船舰燃起了熊熊大火，腾腾地烧了起来。陈友谅的弟弟陈友仁、陈友贵等许多重要将领都被烧死，40多艘大船被烧毁，伤亡人数达50000人。陈友谅冒死突围，结果在湖口遭到歼灭性的打击，60万部队全军溃灭，自己也中箭而死。

这一仗，朱元璋虽然得胜，但也付出了巨大代价，王胜、丁普郎、陈兆先等35员大将在战斗中先后身亡。朱元璋收兵后，登上鄱阳湖康郎山，设奠致祭，凭吊厝于山上的王胜等阵亡的将士。

王胜为朱元璋取得鄱阳湖大战的胜利，立下了赫赫战功，徐达说："（王胜）与丁普郎等直前冲敌，奋不顾身。天不效顺，三十五将死于战，公（王胜）实为之魁也。（陈）友谅六十万大军，一战全歼，非公之忠义，有以夺其气而褫其魄能致是哉！"至正二十四年（1364年）4月，朱元璋命令有司在康郎山建忠臣祠，绘制了鄱阳湖大战中阵亡将士35人的肖像，让地方官"岁时致祭"，王胜像列于第3位。朱元璋称帝后，谥王胜为怀远大将军、太原郡侯，下令厚葬王胜，葬于会宫镇会宫村古塘山东麓。

齐之鸾传略

齐之鸾（1483—1534），字瑞卿，初名云鸾，号蓉川，枞阳县雨坛乡雨坛村人。齐之鸾6岁从师读书，9岁已好学成癖。明正德六年（1511年），齐之鸾登进士第，入翰林院为庶吉士，授刑部给事中，开了今桐城、枞阳士子由进士入翰林院为庶吉士之先例。

齐之鸾既居谏职，责任在身，当仁不让，敢于直言。太监马永成死后，明武帝想给他家族中的90多人封官授爵。时任兵部左给事中的齐之鸾上疏直语："永成贵显，用事十有余年，兄弟子侄皆高爵美官。而其侪复为陈乞，将及百人。永成何功？恩滥至此，臣恐天下闻而解体！"齐之鸾多次力谏，封授未果。正德十二年（1517年）之后，明武帝为了方便玩乐，取假名叫朱寿，又自封为"总督军务威武大将军总兵官"。10月，武帝在应州督战，击退入塞的鞑靼军后，下诏曰："总督军务威武大将军总兵官朱寿剿寇有功，宜特加公爵。"加封为镇国公。这是一件极其荒唐的事，举朝大骇，文武百官瞠目结舌，不知所措。唯齐之鸾上言："自古天子亦有亲临战阵勘定祸乱者，成功之后，不过南面受贺，勒之金石，播之歌颂已耳，未有加爵酬劳。如今日之颠倒者，不知陛下何所取义，为此不祥之举，以骇天下耳目，贻百世之讥笑也。"这样的话也敢讲，真是胆大。

正德十四年（1519 年）6 月，朱元璋五世孙宁王朱宸濠在江西南昌举兵反叛。武帝令张忠、许泰领禁军征讨，派齐之鸾随军记录战功。张忠、许泰尚未到赣州，朱宸濠即已被王守仁击溃俘获。当时张忠等因妒忌王守仁独得大功，想夺其功劳，百般威逼齐之鸾为其记功，齐之鸾坚决回绝道："江西守臣有功不记，却滥记无功的权贵，如何向黎民百姓交代？我宁愿丢官，也不枉法。"主持正义，痛斥佞臣。王守仁平定叛乱，功不可没。但朝中一些佞臣小人，竟互相串通，居然无中生有地大肆诽谤王守仁曾与朱宸濠勾结。齐之鸾置个人利益与安危而不顾，挺身而出，向武帝上书说："国家之大不愁没有良臣，怕的是对他们信任和使用不够。一般来说，正直有为的官员，必然要遭到阴险浅薄之徒的造谣中伤，因而往往被皇帝排斥而不受重用。对这种情况的发生应感到十分的痛心。南赣巡抚王守仁击败叛军并生擒朱宸濠，当应褒奖，却被诬陷为与叛军同谋。王守仁乃忠良有才之臣，对朝廷若有二心，臣之鸾愿以全家性命担保。"齐之鸾伸张正义，力白其冤，王守仁得以免祸。

嘉靖皇帝即位伊始，齐之鸾不改直性，首上疏言："祖宗法制，悉纷更于群小。补救之道，在先定圣志，次广言路。先朝元凶虽去，根据盘互，连蔓滋多，犹恐巧相营结，或邀定策之赏，或假迎扈之劳，以取怜固宠。天下事岂堪若辈更坏！言者久遏于权奸，欲吐忠鲠溏愤之气，必有不顾忌讳，至于逆耳者，在嘉纳而优容之。若稍或抑裁，则小人又乘之以雠忠直。言路一塞，不可复开，大为新政累矣。陛下诚举迩年乱政，尽返其初，中兴之烈可以立睹。"论及前朝弊政，建议世宗罢黜奸佞，起用正人，广开言路，以宏帝业。终因忤触权贵，于嘉靖元年（1522 年）秋被谪贬为崇德丞，从此，齐之鸾离开京师，随后历任长兴县令、青州同知及南京刑部郎中等职。

嘉靖八年（1529 年），齐之鸾任宁夏佥事。时关内大旱，灾民苦不堪言。齐之鸾上言："臣承乏宁夏，自七月中由舒霍逾汝宁，目击光、息、蔡、颍间，蝗食禾穗殆尽。及经陕阌潼关，晚禾无遗，流民载道，迨入关中，重以秋潦，环庆而北，骄阳五载。臣由舒霍逾汝宁及经潼关，目击禾穗无遗，流民载道，偶有居民刈获，喜而问之，答曰：'蓬也，有绵、刺两种，干可为面，饥民仰此而活者五年矣！'臣见有食者，取而啖之，螫口涩腹，呕逆移日。小民困苦，可胜道者！谨将蓬子封题赍献，乞颁臣公，使知民瘼。"他关心民之疾苦，向朝廷报告当时灾荒和灾民的真实情景，敬请皇帝下诏天下，设法赈灾，解民于水火之中。

嘉靖九年（1530 年），为阻止鞑靼军南下，齐之鸾奉命主持筑成了以花马池为喉襟总要，南起大坝堡，北连三关口，长达 80 余里的长城关。嘉靖十年（1531 年）3 月至 7 月，率领 6500 名丁夫完成了东起黄河西岸沙湖，西至贺兰山枣儿沟，全长 17.5 公里的北长城（古称"边防北门关墙"，俗称"大武口长城"）的修筑，从此，宁夏一带边境有了抵御外敌侵扰的军事屏障。齐之鸾修筑长城有功，调任河南副使兼本省提学副使，嘉靖十一年（1532 年）改任山东临清兵备副使，后又任顺天府丞、河南按察副使。

齐之鸾学问广博，文采勃然，文辞宏丽，一生创作了大量的作品，编成《蓉川集》七卷。观《蓉川集》内奏议，简洁明了，文笔流畅，词多剀切详明，且多遒劲之气；文思泉涌，语意新妙，落笔如夙构。他的散文，善于用朴实无华的语言，直抒襟怀，大多以叙事、议论见长，有气势，多变化，波澜起伏，议论风生，事与理完全相合，记述甚为详细。他"早负诗名，发为诗歌，皆切民瘼国猷，笔力遒健，曲尽事情"，"以诗著有明中叶"，他所创作的那些充满个性的诗篇，搜采奇崛，语意新妙，多有创见。钱澄之在《蓉川集序》中说："公诗文开吾乡风气之始，其为诗，往往造语出人意表，大抵孤行其意，无所依附，即立朝之风节凛然可见。"

方学渐传略

　　方学渐（1540—1615），字达卿，号本庵，学者私谥明善先生，枞阳县浮山镇浮渡村陆庄人。方学渐 10 岁时便"为文语特惊人"，13 岁时，"即有志洛、闽之道"。27 岁，隶诸生籍成为郡学生时，他与张淳、姚希颜等人于家乡共倡讲学之会，定期举行会讲。随着讲学活动的深入开展，浮山一带讲论之风，声势大起，远近流播，前来求学问教者络绎不绝，里中一半弟子出入方学渐门下。31 岁，他"试为高等，受诸生饩"，之后，居然"凡七试南闱不售"。明万历二十一年（1593 年），54 岁的方学渐以贡生身份入京应明经试之后，回到家乡，创办"桐川会馆"，此时童自澄、赵鸿赐分别创建"辅仁馆""陋巷会"于枞阳镇，"桐川三老"兴教于家乡，同倡讲学，共树学风。从此，方学渐四方讲学，广结良缘，交流思想，影响大；遨游学海，潜心理学，矢志不移，"学日精"；殚心著述，剖析性善，阐明经义，"名益高"。

　　方学渐主"性善"之说，为"与东林诸公论学最合者"，因此"东林诸公"将他引为同道而大加赏识，称其"行方学粹""真老成典型"，誉其学术"砥柱狂澜",为"孔孟之正脉"。万历三十六年(1608年),当顾宪成、高攀龙、史孟麟诸君看到方学渐辑《心学宗》稿本中别具一格的、新知新解的言论时,大为赞叹,颇为兴奋,他们不但为书题序,赠"同心之言",而且还大力襄助《心学宗》等著作的刊刻梓行,"公诸同志",加以宣传揄扬。万历三十九年(1611年),方学渐应邀讲学东林书院,72岁高龄的方学渐终于同"私心仰慕已愈十年"的顾宪成、高攀龙诸君相见。他们在一起,讲"身心性命之学",揭橥"慎独"为孔门不二心法,研讨"下学"和"上达"之间的关系,抨击"无善无恶"之说,指责佛老两家对心性的误读,倡导"实念""实事"的积极思想。凡学术问题无不涉及,常常论辩切磋至午夜时分。顾宪成对他极为尊重,以师事之。高攀龙读《性善绎》书稿,以序赠之。9月,他参加了规模盛大的东林会讲,随后在顾宪成的陪同下,到经正堂、传是堂、取是堂等学术组织交游讲论,直至10月之望才回到桐川会馆。方学渐东游讲学取得了成功,"高攀龙尝举他与顾宪成并称",被"东南学者推为帜志",名声远扬。桐川会馆亦为世人所瞩目:"东林、桐川若岱宗与华岳,相望于千里之外,而中分大江以为重。"

方学渐一生未仕,主持讲坛20余载,"以布衣振风教,食其泽者代有其人","桐城自嘉靖间何省斋倡学,其后方明善继之,闻风兴教者数十辈。(何唐开启的讲学端绪),至方明善先生益昌大矣!"方学渐对推动当时学术和教育的发展、实学思潮的兴起和当地重文尚学良好社会风气的形成与兴盛,都有着极其重要的影响。

方学渐一生写了不少著作,主要有《桐彝》《迩训》《易蠡》《崇本堂稿》《庸言》《桐川语》《心学宗》《性善绎》《诗读》《东游记》等。他撰写的论辩文在内容指向上,强调自创新意,翻新出奇,具有鲜明的主体性;在论证方式上,偏重执一而论,明辨是非,发挥势如破竹之势,具有深刻的思辨性；在表达方法上，喜好引古证今，横说竖说，形成抑扬详赡的风格，具有强烈的感染力。他的论辩文往往在畅所欲言的议论之中，极力表达自身独特的思想，从而使其发挥独特的文化功能，具有深刻的思想价值和丰厚的文化价值。其诗多为绚丽壮美的山水之作，诗风宗盛唐，有人评其诗曰："讲理学，而作诗无理学气者，在宋则刘屏山、朱晦庵两公，今又见明善先生矣。"他的散文亦独具特色，优美中透着文化的底蕴，内涵厚重，有清纯的自然美，浓郁的书卷气，使人回味无穷。

从方学渐留下的哲学著作中，我们可以看到，他的思想"以明善为宗，以躬行为本，以崇实为教，（所以他）特创会馆，名曰崇实，所以救天下之虚无也"；他的学术"揭性善日月，鹄紫阳、翼新建，崛淮盱、会稽诸杰后，确乎不可拔者"。他反对佛、道两家有关"空""无"的观点，为学以"崇实"为旨，坚持"揭性善以明宗，究良知而归实"，强调"黯然实修"。这一"实"字，是方学渐的理学思想很有特色的关键所在，正是这一"实"字使他的哲学理论充满着自己的学术个性和见识。方学渐在处理程朱派与陆王派的学术差异时，并没有采取调和折中的手法，而是主张"藏陆王于程朱"，将陆王所倡导的"先立其大"的心学理论注入程朱惯用的一系列名词概念中，也就是说，运用程朱的理论框架来阐述心学的基本内容。这样的话，方学渐的哲学理论在当时来说，绝不是前人和时人学说的简单翻版，而是内容独特，充满新意，有着自己的学术观念。这种力主"性善"之说，评判诸子得失，融合阳明学与朱子学的观念，促进了理学在明代后期的新发展。

方学渐的教育是以传播仁学及教人做人为中心内容，注重心性修养，强调学习做人全靠自己的高度自觉，又全是为了自己人格的提升和完善。他要求子孙在立身处世时，必须自觉做到："当勉者十，当戒者十。孝父母、友兄弟、和妯娌、训子孙、厚亲戚、礼贤士、慎闺门、勤职业、崇俭约、戢僮仆，十者所当勉也；毋忤逆、毋以贷财离至亲、毋以妾加妻、毋纳娼妇、毋姑息子孙，毋侈舆马服饰、毋滥交游、毋怠惰不职，毋博弈酗酒，毋为奴隶优伶以为先人辱，十者所当戒也。"在人生道路上，应以儒为业，读书做官："吾家素儒业，儒即多困而明道德，修身善俗，功固远且大也。……吾家三百年，无一吏，惟多儒生，子孙世习儒，吾之愿也。"在"居官"时："宜守官箴，竭忠尽，其有执法获谴者，合族议贺；廉公致贫者，合族议助；以贿败者不许迎候，愧之也。"在交税时，应积极纳赋："食土而赋，不供非忠也；当先期纳赋，以明好义。"教育子孙（弟子），博学于文，约之以礼，既重文化知识，更重道德修养，强调内在道德自觉与外部礼的规范。

查继佐《罪惟录》卷十三《方大镇传》云："（方）大镇学有本源，尊父明善之教。"《桐城方氏诗辑》卷一潘江《序》曰："（方大镇）与高（景逸）、顾（泾阳）、邹（东廓）、冯（少墟）讲学首善书院，渊源其尊人明善先生之旨。"方以智在《象环寱记》中说："不肖少读明善先生之训，子孙不得事苾刍，然中丞公白发在堂，昚为之枯，十年转侧苗地，不敢一日班行，正以此故。知必不免，以祗支为避路，即为归路。苟得所归，正所以奉明善先生之训也。"方中通在《陪集》卷三《陪翁训子语》中说："故男子一以耕读为业，女子一以纫织为工。夙兴夜寐，克谨初终，咀嚼菜根，滋味自出。此明善先生之训也。"方学渐的言教、身教和心教，为他的弟子和子孙树立了榜样；他所订立的族规家训，为"桂林方氏家族"的子孙们指明了做人之道与人生的准则。

自方学渐之后，"桂林方氏"的子子孙孙们秉承忠君爱国、以孝立家、以儒为业、以修养为本的传统，自律自觉、克己修身、敢于梦想、顽强拼搏、奋发有为，立功、立德、立言。自明以来，明哲辈出，代代相继，"为官宦者，多忠于职守，或以公正清廉，或以气节称"；做学问者，博洽古今，通贯天人，著述宏富，学术辉煌，影响深远。一族之内，代有人杰，英华荟萃，溯其原因，方学渐功不可没。朱彝尊评曰："方氏门才之盛，甲于皖口，明善先生实浚其源。"

万历四十三年（1615 年）5 月 3 日，方学渐病逝，安葬于枞阳县枞阳镇莲花湖北岸的莲花山之南。

何如宠传略

　　何如宠（1569—1642），字康侯，号芝岳，自号西畴老人，又号九龙主人，枞阳县枞阳镇大青山村何家祖庄人。

　　何如宠生来风骨秀异，志颇闳博；年十二应童子试，成绩颇佳，被置高等，旋补为郡诸生；明万历二十六年（1598年），与兄何如申进京应考，共登同科进士，何如宠名列2甲第2名，被选入翰林院，授庶吉士，累迁国子监祭酒、翰林院编修；万历三十九年（1611年），升中允，迁右庶子；明天启四年（1624年），为翰林院侍读学士，协助詹事府，管理太子事务，兼任纂修实录副总裁。

　　天启四年（1624年）冬，魏忠贤兴大狱，矫旨将左光斗、杨涟等人削职为民。天启五年（1625年）正月，内阁大臣中有人推荐何如宠为礼部左侍郎，魏忠贤的心腹魏广微上疏弹劾，说何如宠与左光斗同里友善，接触频繁，交谊笃厚，名为同乡，实为同党。何如宠升官未成，反被削职还乡。

　　明崇祯元年（1628年），朝廷起用何如宠，任吏部右侍郎，赴京途中，又接诏书，拜礼部尚书，主管朝廷中的礼仪、祭祀、宴餐、学校、科举和外事活动等要务；次年 12 月，与周延儒、钱象坤俱以本官兼东阁大学士，入阁辅政，累加少保、户部尚书、武英殿大学士。何如宠成为枞阳历史上第一个官至内阁大学士的著名人物。

时后金日渐强大，稳踞东北，频繁兴兵入侵，东北边防告急，面对异常严峻的形势，礼部尚书何如宠、兵部左侍郎吕纯如等大臣，身居要职，不得不忧，手本上奏，要求明崇祯皇帝重用天启年间军功显赫的袁崇焕。明崇祯元年（1628 年）2 月，崇祯皇帝任命袁崇焕为兵部尚书兼右副都御史，总督蓟、辽、天津等处军务。在以后的 2 年间，袁崇焕屡建战功，皇太极不敢与之对阵，明朝军队在北线战场的局面从全面的防御溃败转变为战略相持。后金军队屡战屡败，损失惨重。皇太极便授计部下，期以智取。不料崇祯帝果然中离间计，将袁崇焕逮捕入狱。崇祯三年（1630 年）8 月 16 日，明廷宣布处死袁崇焕。袁崇焕一死，明军失帅，后金兵马压城，战局急剧恶化。

袁崇焕的"罪状"，无一能够成立，但经皇帝之口宣示，便是一言九鼎，谁敢违背，便是死罪。朝廷大小官员及袁崇焕的朋友、部将不敢公开置辩，唯有大学士何如宠挺身而出，冒死上奏，进呈皇帝，请免袁崇焕的灭族之罪。他的奏议，有凭有据，有理有节，尽言无隐，说出了当时正直人士的心里话，得到了政界有识之士的赞赏。崇祯皇帝法外开恩，准允其请，赦免了袁氏一门 300 余口的性命。

荥阳大会后，高迎祥、张献忠、李自成的东路农民军一路奏捷，势如破竹，攻入凤阳，"声言由桐入楚，统合大营，造舟南犯"。

南京是明太祖的定鼎之地，倘若失陷，根本动摇。安庆是南京的西部屏障，又是明朝军队人力、物力的重要供应地。但当时安庆无重臣、重兵守治，防卫力量十分薄弱。闲居在家的何如宠心系国计，上奏言事。他说："安庆地在江北，辖以江南，上接荆襄彭蠡，巨浸下流直附淮扬，为留京第一要害。高皇帝破陈友谅于鄱阳，用安庆声援之力甚厚。宸濠以数万之众不能越江城一步，良有以制其命也。古称长江天堑，而防江之法与陆殊，防陆则在严于分地，防江则贵控其上游，风帆樯马，瞬息可以千里，而中流一楫胜于万夫，正以得势与不得势分耳。安庆去留京仅六百里，形若建瓴，声息既可以相通，指臂又足以相使，兵备道臣原驻池州，近请改驻安庆，正为扼塞之区，赖其威略弹压。……据臣愚见，谓宜从此增设大帅，统领重兵，坐镇其间，则上而小姑之险可凭，下而三江之冲可扼，贼虽以舳舻相窥，而大江南北各有声援。即舍从陆，臣邑属庐楚之交，劲旅当关，贼马亦不敢飞渡也。臣所谓重地之当设防者，此也。"何如宠的《皖郡请设重臣疏》，针对性强，剖析深刻，辞意恳切，见解独到，入木三分，有一定的战略眼光。不久，张献忠农民军果然向安庆进军。江南巡抚张国维奏准安庆、池州、太平分设巡抚。史可法为安庆巡抚，从此安庆不再隶属江南。史可法、左良才等名臣率重兵，誓死坚守安庆，多次击败农民军，迫使农民军退出大别山区。

何如宠著有《何文端公奏议》《后乐堂稿》等。他博览群书，精通经史，博识多通，文才出众，"风度端凝，为一时中秘之冠"，深得世人仰慕。

崇祯六年（1633 年），方以智写成了《稽古堂初集》，父亲方孔炤看后，命其带上书稿求正于何如宠，何如宠便挑灯夜战，命笔题序。序的全文不到 400 个字，却道明了方以智的道德文学及其方氏家学的渊源与博大，可谓文字简洁，语言朴实，言简意深，初看似觉平淡，细心品味，才能发现作者用虚静淡雅的笔触，用真情实感的文字，表现了他对方氏家族的推崇和对方以智的疼爱与希望，表达了作者对方氏发自内心的真挚感情，使人备感亲切。是年，何如宠 65 岁，如此高龄，仍文思敏锐，成文快捷，一挥而就，若非作文高手，实难能所为。

何如宠爱读书，爱写作。他的诗，取材广泛，涉及各个方面，其中在思想、艺术上成就较大的作品，大概可分为两部分：一部分是反映社会现实的，另一部分则是描绘自然景色的。无论是抒写胸臆，还是吟咏山水，皆真心表白，清新隽永，流畅自然，气势照人。

何如宠的书法，同样有其称道之处。枞阳县文物管理所收藏的《何如宠贺寿序行书手卷》，作于明天启六年（1626 年），是年，何如宠 55 岁。全文洋洋 1000 余字，情真笔健，平淡朴素，清新俊逸。行笔迅速沉着，体势连绵飞动，驰骋奔突，行气郁勃；章法上进退裕如，缓急有致；风格老辣苍劲，雄沉奇逸，一气呵成，表现出酣畅淋漓、潇洒超脱的艺术风格。

《桐城耆旧传》称其："公为人博大坦夷，无察察之言对客，不倡语应机时，出则令人意尽，以此为士大夫所归。而操行纯雅，与物无竞，其难进易退之节，世尤高之。"孙承泽说他："与人语，不为倡应机扼要，时出片语辄令人意尽，居恒未尝有喜愠之色。与人处者，如对深山大壑，莫测其涯际。独快闻人之善，或一事一言与义理者合，公未尝不为人称述宣扬也。公风度凝远，见者称神仙中人。"

左光斗传略

　　左光斗（1575—1625），字共之，又字遗直、苍屿，号浮丘，明万历三年（1575 年）9 月 9 日，生于枞阳县横埠镇横山村大朱庄。左光斗 6 岁时，开蒙就读；19 岁，县试第 1 名；26 岁，乡试第 11 名；万历三十五年（1607 年），中进士，旋拜中书舍人，升浙江道监察御史等职，官至都察院左佥都御史。

　　万历末年，明神宗重病，李选侍的亲信内侍刘朝假传太子令，向奉命巡田的左光斗索要嘉靖年间废置的庄田。面对刘朝竟敢在明神宗活着的时候索要国有土地的骄横行为，左光斗连令旨都没有启封，就还给刘朝，说："尺地皆陛下有，御史奉命巡田，安敢私授？"又奏："太监陈登夺民籽粒，坏屯政，且请蠲十三场逋租，（使）民咸复业。"万历四十八年（1620 年）春，左光斗奉命巡视京城时，立案查处豪绅恶吏卖官售爵的恶劣行为，一举搜缴出假印 70 余颗，伪印文卷 109 扇，拘捕伪官 100 多人。惩治腐败，振风肃纪，"吏治为之一清"，令"权贵人皆凛凛畏之，一时海内有道高名之士皆从之游，而小人之趋利者贪权势者皆弗之便也"。

万历四十八年（1620 年）9 月 1 日，明光宗驾崩。皇贵妃李氏企图挟持着皇长子不让他去登基，还赖在皇帝的住处乾清宫不走，非要弄个太后当当不可。左光斗、杨涟等朝臣接连上奏，力促李氏移宫。

左光斗在奏疏中说："内廷之有乾清宫，犹外廷之有皇极殿也，祖宗以皇帝御天得居之，皇后配天得共居之。其余妃嫔虽以次进御，遇有大故，即移置别殿，非但避嫌，亦以遵制，历代相传，未之有改。今大行皇帝宾天，选侍李氏既非嫡母，又非生母，俨然居正宫，而殿下乃居慈庆，不得守几筵行大礼，典制乖舛，名分倒置，臣窃惑之。且闻李氏侍先皇无鸡鸣脱簪之德，侍殿下又无抚摩养育之恩，此岂可托以圣躬者？伏乞收回遗命，仍守选侍之职。或念先帝遗爱，姑与以名称，速令移置别殿中，殿下仍回乾清宫，守丧次而成大礼，庶几宫闱清而名分正矣。"这是说乾清宫乃皇帝专用，既无德、又无恩的皇贵妃李氏应尽快搬出。又说："且陛下春秋十六龄矣，内辅以忠直老成，外辅以公孤卿贰，何虑乏人，尚须乳哺而襁负之哉？……况睿智初开，正宜不见可欲，何必托于妇人女子之手？……倘及今不早断决，将借抚养之名，行专制之实，武氏之祸，再见于今，将来有不忍言者！"这样的话也敢言，真是胆大。自光宗崩逝，至熹宗继位，前后不过 6 天，左光斗、杨涟等力持正论，态度坚决，疏请移宫，以肃宫寝，终于迫使李氏不得不离开乾清宫，而迁往安置年老宫女的哕鸾宫。

在"移宫案"中，左光斗与顾命大臣杨涟等一批正直朝臣铤而走险，力挽狂澜。9 月 6 日，朱由校正式登基，是为明熹宗。至此，"宸极获正，（左光斗、杨涟）两人力为多"，于是朝野并称"杨左"。

天启元年（1621 年），左光斗奉命处理直隶事务时，发现这里的东部和南部地区已成为"碱草丛生"的荒芜之地。为治理灾害，造福于民，他向朝廷呈交了《足饷无过屯田　屯田无过水利疏》，提出了"三因""十四议"的建议。获旨准行后，京畿一带，水利大兴，改地为田，插秧种稻，昔日一片凄凉的荒野变成了粮仓。邹元标到天津，看到遍野阡陌纵横，稻浪涌金，不由感慨道："三十年前，都（指北京、天津一带）人不知稻草为何物，今遍地耶，左公（左光斗）力也。"王祖宏目睹此景，赞叹说："向之一往青草，今日满目黄云，鸡犬相闻，鱼蟹举网，风景依稀，绝似江南。"

从天启元年（1621年）起，左光斗督畿辅学政（主考官）达3年之久，经他荐举选拔的"名臣者不可胜数"，故有"一代宗师"之誉。他与史可法的奇遇及对史可法的培养提携，成为古今佳话。天启元年（1621年）冬，左光斗将主持一次考试。巡视考场完毕，来到一座古庙歇息之时，发现偏房内有一个书生，伏在案上睡着了。案上放着刚刚写完的文稿，左光斗顺手拿起文稿仔细看毕，被文章中广博的见识和出众的文采深深打动，惜才之心不禁油然而生，于是他解下貂皮袍子，轻轻地披在熟睡的书生身上，以免冷风寒气侵袭受凉生病。这就是著名的"解貂"故事。临走时，左光斗向主持僧打听，原来书生名叫史可法。府试开考，左光斗亲自审阅史可法的考卷，发现所写文章果然不同凡响，遂于卷面上亲批"面署第一"4字。左光斗曾不胜感慨地指着史可法对夫人说："吾诸儿碌碌，他日继吾志者，惟此生耳！"明崇祯元年（1628年），史可法中进士，官至兵部尚书兼武英殿大学士，在抗击清兵的战斗中，屡建功勋，英名显世。

天启元年（1621年），魏忠贤升为司礼监秉笔太监。天启三年（1623年），魏忠贤提督东厂。与此同时，赵南星、高攀龙、杨涟、左光斗等一批东林党成员陆续被起用。天启四年（1624年），左光斗拜为都察院左佥都御史。东林党人得到重用之时，正是以魏忠贤为首的"阉党"得势之际，从此，官僚集团内部的东林党人与"阉党"之间的斗争开始了。

天启四年（1624 年）4 月，东林党人汪文言被阉党诬陷再次入狱后，魏忠贤指使给事中傅櫆等上疏，称左光斗、杨涟等与内阁中书汪文言"交通"。6 月，杨涟与左光斗上疏弹劾魏忠贤，罗列他 24 条大罪状，要求把他交刑部严讯以正国法。一两个月内，左光斗同杨涟、高攀龙、魏大中等 70 多个官员纷纷弹劾魏忠贤，章奏不下百余道。自此以后，魏忠贤公开加快了迫害东林党人的步伐。天启四年（1624 年）7 月，魏忠贤兴大狱，对东林党人进行疯狂、残酷的打击迫害。10 月，以"恣肆欺满，大不敬，无人臣礼"为由，假传圣旨将左光斗、杨涟等削职为民。左光斗再次冒死草奏魏忠贤 32 条当斩之罪，对魏忠贤之流进行全方位的轰击。天启五年（1625 年）3 月初，魏忠贤以"党同伐异，招权纳贿"等罪名下令锦衣卫逮捕杨涟、左光斗、袁化中、魏大中、周朝瑞等东林党人。

左光斗被捕时，家乡父老子弟准备抗令拒捕，左光斗劝之说："这等于让我速死。""闻逮之日，举国欲狂，如夺怙恃，四门植旗，倡议纷传，讨缇骑檄如雨，冀以彰传旨之伪，而白中丞之冤。……又相率遍祷神坛，而其无可奈何，乃遮道焚香，……自桐达庐之间。"

左光斗被押到京城，下镇抚司诏狱审讯。许显纯在魏忠贤的授意下，对他动用全刑（镇抚司诏狱内所有的酷刑），"诃诟百出，裸体辱之。弛杻则受拶，弛镣则受夹，弛拶与夹，则仍戴杻镣以受棍"。许显纯对左光斗，五日一审，反复用刑，旧伤未愈，新创复加，体无完肤，肢体已裂，无法坐立。

左光斗惨遭酷刑，命在须臾。史可法不顾被株连的危险，买通狱卒，化装成掏大粪者，冒险入狱拜望恩师。奄奄一息的左光斗，直盯着史可法骂道："庸奴！此何地也，而汝前来！国家之事，糜烂至此。老夫已矣，汝复轻身而昧大义，天下事谁可支柱者！不速去，无俟奸人构陷，吾今即扑杀汝。可法，宜厚自爱，异日望子为国柱石。今子殉砭砭小节，而撄奸人之锋，我死，子必随之，是再戮我也！"言毕，"因摸地上刑械，作攻击势。史（可法）噤不敢发声，趋而出。"史可法曾评说："吾师（指左光斗）肺肝，皆铁石所铸也。"

天启五年（1625 年）7 月 26 日，左光斗在狱中被折磨而死。明崇祯皇帝继位，左光斗的沉冤得以昭雪，赠封右都御史、太子少保。南明福王时，追谥忠毅。

左光斗少时好读节义传记，后精研程朱之学，著有《易说》《左光斗奏疏》等。《史忠正集·祭左忠毅公文》曰："吾师生平著作独取法于韩欧，报国孤忠尝自方于陈窦，文章气节，盖海内正人君子所共尊也。"朱彝尊称其诗："多晚唐风韵。"他的书法作品，择善而从，舍短取长，法度森然，变化多端，气势飞动，自成面目。

方仲贤传略

方仲贤（1585—1668），字维仪，室名清芬阁，枞阳县浮山镇浮渡村陆庄人。方仲贤17岁时，嫁给已卧病6年的姚孙棨。婚后，方仲贤对重病的丈夫尽心照料，"扶起居，侍汤药，挥蚊蝇，摵痰唾，左右周旋"，头不安枕，关心备至，贤淑之名邻里颂扬。新婚不久，丈夫死去，9个月后，遗腹女夭折，悲痛欲绝的方仲贤"大归依母，居清芬阁"。她住在娘家，深居简出，"居内不与外事"，"孝父母，友兄弟，和妯娌，厚亲戚，崇俭约，慎闺门"，重礼教，守妇道；哀而不怨，伤而有节，"安详贞静"，愁深志洁，"育侄儿如己出"，"以文史代织纴"，以诗文托情怀，以书画修身养性，寂寞终老却较少怨怼；寿终八十有四，咸以"烈女""名士"称之。她"淹贯经史，能诗及古文词，著有《宫闺诗史》《尼姑七惑》等书及《清芬阁集》行于世。工书画，善白描观音罗汉，年七十余犹能楷书、描画不倦"。

"吾（指方以智）母即世，嬛嬛馈块，莫适与归。问我诸姑，仲氏任之。盖抚余若子者八历年所，无间色矣。"天启二年（1622年）9月，方以智母亲吴令仪不幸早逝，方仲贤"怜我（指方以智）丧母而抚教之"，承担起教养侄儿方以智的重任，开始了"教其侄以智，俨如人师"的新生活。方仲贤爱侄如子，束教严厉，精心教养着侄儿方以智；方仲贤的社会价值观，影响着方以智；方仲贤的文艺才华，熏陶着小侄儿。方以智在文章中则这样描述："智十二丧母，为姑所托。《礼记》《离骚》，皆姑授也。"崇祯六年（1633 年）秋，方以智去南京应试，方仲贤作《送侄密之应试》诗："鲸飞万里乘破浪，豹隐三秋泽羽毛。我老零丁唯望尔，秦淮马上莫辞劳。"情深意切，寄厚望于侄儿。

明清之际的学者潘江在《龙眠风雅》中说："龙眠彤管之盛，倡之畹兰（方孟式）、清芬（方仲贤），久登词坛。……若夫环珠（吴令则）、棣倩（吴令仪），咸琢词章。……筚帏女士，何减词人？然而，内行肃庸，母仪贞顺，笔霭花露，皆（珆）金虹璧之吟；口蘸香脂，鲜治叶倡条之奏，则又闺阁。铮铮雅音与高行并传也。"在"女师"方仲贤有意识的倡导和精心组织下，方孟式、方季准、吴令仪、潘翟、方子跃、陈舜英等"桂林方氏"家族的女辈们，相聚唱和于浮山"清芬阁"，吟哦推敲诗篇，出现了长江中下游地区著名的名媛诗社。"方氏娣姒"全身心地投入艺术与文学创作，个个志芳行洁、才气出众，人人工书作画、作诗出书，蜚声艺坛。

明清之际的时代以及方仲贤悲苦凄凉的身世命运，造就了方仲贤的特殊性格；方仲贤的特殊性格，萌发出具有方仲贤性格的诗与画。

她的诗作，一洗铅华，归于质直，硬朗开阔，朴实无华，感于时事，忧国忧民，面向现实，有着丰富的现实内容、进步的思想意义和独到的艺术特色，燃烧着爱憎分明的火热感情，反映了诗人发自肺腑的仁爱之心。方仲贤作为一名在封建家长完全统治下的"家庭妇女"，却能秉经世之志，有高世之识，使诗歌面向现实，以诗为史，关心天下，反映现实，而且慷慨"言志"，确乎十分难能可贵。从风格上看，方仲贤的诗，或慷慨激昂，或恳挚痛切，笔力横绝、峭折清新、言之有物。朱彝尊《静志居诗话》称："（方仲贤的）'白日不相照，何况他人心''高楼秋雨时，事事异畴昔'等（诗句），何其辞之近乎孟贞曜也？"沈德潜读其诗后又这样评道："如读杜老伤时之作。闺阁中乃有此人！"《近代妇女著作考》引《神释堂脞语》评曰："近世闺秀多工近体小诗耳，能为古诗者什不二三；能为古文词者百不二三也。夫人（方维仪）独兼能之。古文词即未极熔锻，要之质素俪雅，不为其靡也。"

方仲贤之文所见极少，《桐城耆旧传》录有两篇，安徽省博物馆藏有1篇。《近代妇女著作考》引《妇人集》之语，称其："文章弘赡，亚于曹大家矣。"马其昶对方仲贤文才极为推重，曰："余读《后汉·曹大家传》，叹其亮节明白，属文尔雅，推千古女师。清芬徽美，岂遽让哉！遇有荣悴，贞孏则同。《述生（未亡人微生述）》《拟谥》二篇可以怨矣！"

方仲贤是丹青妙手，年过70岁，仍坚持提笔写字作画。她的画推崇唐代吴道子，宗法北宋李公麟，笔下的观音、罗汉诸图，多用白描技法，优雅而持重，简洁而含蓄，有一种庄严而朴素的意趣。故宫博物院收藏的《方维仪观音图轴》，其画面上的观音盘膝而坐、双目凝视、如有所思、风姿神采、十分传神，传达了至高无上的精神境界和神的气质。作者的白描功力相当深厚，整幅作品，以线造型，用浓淡、粗细、虚实、轻重、刚柔、曲直的线条画成，只用了几条关键的线，就准确勾画了观音坐姿和形体变化，人物面部和衣纹都以细匀的淡墨线条画成，只在眼、口等很少的部位用浓墨，显出阴阳的凹凸变化，既表现了人物的精神状态，又显示出面部的质感与立体感。这种特殊的用墨方法使画面清雅、秀润，减弱了墨线与白纸的对比，使之协调地融为一体，并且产生一种空间感。这幅画作，是方仲贤传世画迹中的一件精品，充分体现出画家的艺术个性和艺术风貌。方仲贤的绘画作品，线条清圆细劲，笔法潇洒流畅，为世所崇尚。吴询《题清芬阁白描大士图》诗有句赞云："墨花寒卷秋潮空，毫端轻染春云笑。"冯金伯在《国朝画识》中认为："（方仲贤的白描大士为）三百年中大方名笔，可与颉颃者不过二三而已。"王士祯《池北偶说》引《落木庵》评语："近三百年，方仲贤、倪仁吉、李因三家皆为妙品，不亚李公麟。"

方仲贤 70 岁生日时，方文作《老姑行为姚姊夫人七十寿》，曰："清芬才调更绝人，诗文秀洁无纤尘。书法直追王子敬，绘事不让李公麟。曾集《宫闺诗》一帙，部分《邪》《正》意凛凛。……空闺寂寂老朱颜，苦节煌煌照青史。"

阮大铖传略

　　阮大铖（1587—1646），字集之，号圆海、石巢、百子山樵，又称皖鬓，枞阳县㟖山镇㟖山村阮家享堂人。他 17 岁中举人，万历四十四年（1616 年）中进士，授行人，天启元年（1621 年），擢户部给事中，以忧归。天启四年（1624 年），补为工部给事中，不到一月，告假还乡。天启五年（1625 年），魏忠贤兴大狱，一大批东林党人被害。此段时间，阮大铖居乡里，然"对客辄诩其能"，谓"坐运机智，杀人于千里外"，认为他参与了打击和迫害东林人士的活动。第二年，魏忠贤专权擅政，阮大铖被召任为太常少卿，居数月，再次辞官归里。

　　天启七年（1627 年），崇祯皇帝继位后，宣布魏忠贤罪状，魏忠贤惧罪自缢。崇祯元年（1628 年），阮大铖被召回京师，任命为光禄卿。而云南道御史毛羽健上疏弹劾之，说他与魏忠贤是同党。崇祯二年（1629 年）3 月，阮大铖名列钦定逆案，论赎徒为民，永不录用。对于此事当时居然也有不少人寄以同情，如王思任就说他"时命偶谬，丁遇人疴，触忌招愆，渭泾倒置，遂放意归田，白眼寄傲"；张岱相当惋惜地怨他"大有才华，恨居心勿静"；夏完淳则认为："阮之阿珰，原为枉案。"阮大铖被废斥，不得不息影山林，"以诗酒自娱，多作传奇"。但冯梦龙、彭天锡、钱谦益、袁中道、文震亨、沈嵊、刘允昌、方孔炤、何如宠、钱澄之、白瑜、史可法、方文、方以智、叶灿等诸多名士均仍与阮大铖来往密切，或诗酒酬唱，或切磋剧艺，或结为诗（戏）友，有的还为阮大铖的剧作或诗集写序作跋。

崇祯八年（1635 年），阮大铖一到南京，托人说情，愿同复社士子修好，建立友好关系，"复招揽游侠，谈兵说剑"，扩大影响，"觊以边才召"。复社士子看不惯阮大铖的为人处世，认为他是一个名入逆案、利欲熏心、工于权术、图谋不轨之人，若不铲除他，终是祸根。崇祯十一年（1638 年），复社名士吴应箕、顾杲、黄宗羲等 140 人署名公布《留都防乱公揭》，指詈阮大铖，讨伐阮大铖。公揭发表后，阮大铖被千夫所指。据陈定生《防乱公揭本末记》载："（当时阮大铖）气愈沮，心愈恨。……潜迹南门之牛首，至不敢入城。向之裘马驰突，庐儿崽子，焜耀通衢，至此奄奄气尽也！"

南明弘光朝时，马士英秉权，特疏力荐阮大铖，称其依附阉党并无实迹，说他"谙熟兵机"，是一位"贤能之才"，请求皇帝尽快起用。崇祯十七年（1644 年）6 月 8 日，阮大铖奉旨"复冠带陛见"，9 月 8 日，"添注兵部右侍郎"，继兼左佥御史、巡阅长江防务，不久又擢升兵部尚书兼右都御史。马士英、阮大铖屡遭东林党排挤、复社攻击，恨之入骨，刚得势即发难报复，接二连三地肆意打击、迫害东林党后人、复社成员、清流派人士，欲尽诛其而后快。清顺治三年（1646 年）6 月，阮大铖降清，获封军前内院职衔，8 月，随清军攻福建时暴毙于仙霞岭。

阮大铖"早慧早髫，复早贵。肺肝锦洞，灵识犀通，奥简遍采，大书独括；曾以文鬼发燥，表压会场"，可谓"少负磊落偶傥之才，饶经世大略，人人以公辅期之"，有"江南第一才子"之誉。他涉足官场不足 4 年，在位时间更是短暂，但却四起四落。为逐功名，他常审时度势，逢迎善变，"初本清流"，左光斗引为同心，始"名在东林"，为高攀龙弟子；卷入党争，先后依附魏忠贤、马士英，与东林党（后人）、复社士子修好遭拒，间隙日深，相互攻击，终至反目成仇，最后降清，被《明史》列入《奸臣传》。阮大铖"负才怙智，不甘枯寂，积苦摧挫，妄冀倒行逆施，以图一逞，卒举其绝人之才随声名而丧之者，良足悲也"。

阮大铖"家世簪缨，多藏书，遍发读之。又性敏，捷目数行下，一过不忘。无论经史子集，神仙佛道诸鸿章巨简，即琐谈杂志，方言小说、词曲、传奇，无不荟聚而掇拾之。聪明之所溢发，笔墨之所点染，无不各极其妙，学士家传户诵"。他一生"惟日读书作诗，以此为生活耳。无刻不诗，无日不诗"，创作了大量的诗篇，有《和箫集》《咏怀堂诗》存世。

阮大铖论诗曰："盖身心与时物触而诗生"，"才逐情生，情从境感；兴有所会，响亦随之"。在他看来，诗歌是诗人身心感受与自然万物相互触碰的结果，只有在客观的现实生活中获得某种情感，诗人才能够运用才思创作出饱含个人主观情感的诗歌，表达出真情实感。从《咏怀堂诗》所收的 1800 多首诗作来看，阮大铖诗众体皆备，有四言、五言、七言古诗，五言、七言律诗、绝句，乐府等，各种体式信手拈来，运用自如。其诗体裁广泛，有山水田园诗、时事诗、怀古诗、述怀诗等，以"用意深远"的山水田园诗数量最多，成就也最为突出。

纵观阮大铖的诗，具有"清雅闲逸"的风格、"幽静空明"的意境、"精雕细刻"的语言、"俯拾皆是"的典故的艺术特质和"思想性、艺术性、现实性、个性强"的特点，达到了别出机杼、玄鹜空灵、形释神愉的良好效果。叶灿说："（阮大铖诗）以陶（渊明）、王（维）为宗祖，以沈（佺期）、宋（之问）为法门。……至其穷微极渺，灵心慧舌，或古人之所已到，或古人之所未到，忽然出之，手与笔化，即公亦不知其所以至而至焉。……其诗，师古而不似古，俪采百子之偶，争价一句之奇。"马士英深谙阮诗之精髓："集之文章经济，凌古铄今，呕心风雅，如狮子王搏象搏兔，皆全其力。以陶（渊明）、储（光羲）、王（维）、李（商隐）为门庭，汉魏为堂奥，三百篇为归宿。故其诗沉郁顿挫，清新俊逸无不有，明兴以来一人而已。"陈三立说阮大铖为"五百年大作手"，先骕称其为"有明一代唯一之诗人"。章太炎评价道："（阮）大铖五言诗以王（维）、孟（浩然）意趣而兼谢客（谢灵运）之精炼。律诗散不逮，七言又次之。然榷论明代诗人如大铖者鲜矣。"

阮大铖精于音律，雅擅填词作曲，钟情于戏曲艺术。赵景深评曰："单就传奇来说，阮大铖的地位是很高的。"他一生作传奇11种，分别是：《井中盟》《老门生》《忠孝环》《桃花笑》《狮子赚》《翠鹏图》《赐恩环》《春灯谜》《牟尼合》《双金榜》《燕子笺》。除《燕子笺》取材平话外，其余诸种则"不谱旧闻，特抒臆见"，"足称才调双全"。阮大铖将自办的家庭戏班办得非常出色，一时"风靡南都"。

张岱目睹其演出赞道："皖上阮圆海家优，讲关口，讲情理，讲筋节，与他班孟浪不同。然其所串院本，又皆主人自制，笔之勿勒，尽出苦心，与他班鲁莽者又不同。故所扮演，本本出色，脚脚出色，出出出色，句句出色，字字出色。"程演生在《皖优谱》中云："皖上阮氏之家伎，于天启崇祯时，名满江南。"

文震亨认为，阮大铖革除了当时剧坛"歌者分作者之权"的弊端，堪称"词家嫡宗正派"，使"几于广陵散绝"的戏曲"复闻正始"。阮大铖精通戏曲，在创作、编剧、表演上显示出了"绝人之才"。他主张"曲从心生，曲为心曲"，强调戏曲的借戏娱人功能、剧作悲喜交融的审美理念、创作"臆也"的虚构和想象、编剧应具备"易歌演"的本领、"一笑有悟"的创作灵感以及伶工要"戏科好"与"顿悟"素质等理念。

阮大铖管理戏班，"精教声伎"，"女乐与优童兼备，属于混合类型"，"能唱昆腔，也唱弋阳腔"，名流荟萃，新人涌出，实力雄厚，"技艺精湛，排场讲究"。阮大铖戏曲艺术，呈现出生活面广、文情并茂、曲词优美、构思巧妙、立意创新的特点，其结构严谨缜密，情节丰富生动、诙诡奇险，故事曲折。纯从演出着眼，善于搭配角色、调剂场面，做到冷热并重、文武兼备、悲喜兼济，重视剧场效果，表演实效动人，具有风格浓郁谐趣、妙趣横生、娱乐情趣强烈的喜剧风格。为此，阮大铖的传奇以其与众不同的独特魅力，在舞台上获得了巨大成功。"吴中梨园部及少年流传演唱（《春灯谜》），大铖与东嘉（高明）、（袁）中郎、（吴）汉卿、白（云生）、马（致远）并行，识者推重"，识者以为可"接道儿（汤显祖）之憨梦"；"南中一时歌茵舞席，卜夜达曙，非是（《牟尼合》）不欢"；《燕子笺》一上演，更是"一时朱门绮席，奏演无虚日，是以大江南北脍炙人口"；"一时民间之演此剧者，岁无虚日，誉满大江南北"。复社诸名士置酒高会时，也经常请阮氏家班助兴。阮大铖的作品一问世，"梨园子弟争演唱之"，南北各地"搬演不辍"，在当时产生了很大的轰动效应。

方以智传略

　　方以智（1611—1671），字密之，号曼公，自号泽园主人、浮山愚者、鹿起山人、宓山氏、江北读书人；遁入佛门后，别号无可、五老、药地、墨历、浮庐、弘智、极丸老人等；枞阳县浮山镇浮渡村陆庄人。

　　方以智 6 岁知文史，7 岁后，学平仄，能赋诗，咏六经，善属文，好击剑，工书法，闲暇之余，好研究物理，旁及象数。明崇祯元年（1628 年），汇《史记》《汉书》章句，编《史汉释诂》。青年时代的方以智曾参加“复社”活动，与陈贞慧、冒辟疆、侯方域并称“明季四公子”。崇祯十二年（1639 年），方以智中举，次年，得中第 2 甲第 54 名进士，授翰林院检讨。崇祯十五年（1642 年），先后被选为定王、永王讲官。

　　崇祯十七年（1644 年），方以智落入李自成农民军之手，被押入狱中；不久，逃出监狱，“万死潜审，幸出通州，行丐南奔”至南京。因受当权者陷害，方以智变姓名，易服装，孤身远遁，南奔浙江天台、雁荡诸山和福建太姥山，再由福宁而下，于当年冬天至广州。

　　清顺治三年（1646年）11月，朱由榔于广东肇庆正式称帝，擢升方以智为左中允，并担任经筵讲官。清顺治四年（1647年），明永历帝又拜方以智为东阁大学士之敕，方以智得知后，连连投疏，坚辞不去，而入湖南新宁夫夷山养病。当时，方以智为逃脱清军的追捕，"遂弃妻子，散童仆，孤身强病，遁迹幽峒"，潜转、躲藏于黔湘之界的深山老林，徘徊、乱窜于湖南、贵州、广西等地的荒郊野外。

　　在游离岭南、漂泊流浪的日子里，方以智或靠卖药卖画度日，或当算命先生以卜卦糊口，或靠亲朋好友接济生活，甚至还违反了不得为奴的家规，以当仆人为生计。尽管生活困顿，病魔缠身，但他仍表现出了乐观与豁达的品质。他不忘时局，为南明献计献策；鼓励门生，从军抗清；他笔耕不辍，创作了许多动人的诗篇，完成了不少具有很高价值的重要著作。

　　顺治五年（1648年），方以智入广西桂林，与妻子及幼儿团聚，年底移居平乐之平西山。顺治七年（1650年），方以智在昭平被清兵逮捕，押到平乐法场时，清将马蛟麟劝其投降，效力清廷，方以智坚贞不屈，令马蛟麟折服，同意了方以智只愿出家为僧的要求。顺治八年（1651年）至顺治十二年（1655年）间，方以智曾在梧州云盖寺、南京高座寺当和尚。

　　顺治十二年（1655年）秋，父亲方孔炤病逝，方以智奔丧归里，营葬父柩于枞阳合明山南麓，遵儒仪，栾庐墓侧。庐墓三年内，他"麻经缚缁衣"，痛哭哀号，"声出金石，音满天地，行路见者，无不流涕"。他以僧人身份拜先母墓、哭亡弟榇、谒舅父葬，时人以为举世罕见。

　　服阕之后，方以智离家漫游，溯江上庐山，登五老峰，再入盱江，避居荷叶山中，旋至新城。他禅游各处名胜，结交高僧名士，以独具特色的方式谈经讲禅，宣传合儒释为一家、修三教为一宗的主张，影响深广，名声大振，文人学士争先恐后跑来向他请教，甚至以一睹其风采为幸。

康熙二年（1663年）秋末，方以智赴江西泰和主法华寺方丈。第二年冬，入吉安青原山，主青原法席，升净居寺首座位。方以智驻锡青原山时，亲躬农作，重建殿宇，勤于佛事，苦行修炼，登坛讲法，"阐示教宗，释儒互济，中和为本，远近人士闻旨如梦初醒"。"迁客骚人、游宦学者、遗民隐逸，凡过吉安者，鲜不入山相访"。

康熙十年（1671年）4月，病魔缠身的方以智受"粤案"牵连被清廷逮捕。5月，官差将方以智由庐陵乘船循赣江押赴岭南。10月7日夜，船行至江西万安惶恐滩江面时，"波涛忽作"，方以智"疾卒"。

方以智逝世后，"衣钵留江西青原山佛寺，爪发归浮山华严寺建塔，肉身由方氏子孙领回安葬于浮山北麓"。康熙十一年（1672年），方中通、方中履等从万安水月山扶方以智柩归浮山，葬在枞阳县浮山北麓白沙岭母茔西南、方墓洼山的"金牛架轭地"。

方以智治学态度严谨，不囿于传统观念，不笃守一家，而是"坐集千古之智，折中其间"，将西学与中学熔于一炉，融合三教，兼综百家，殚精竭虑地进行批判性研究。据不完全统计，他一生著书100多种，主要有博物学著作《通雅》，自然科学著作《物理小识》，中医学著作《医学汇通》《内经经络》，音韵学著作《切韵声原》《正叶》，哲学著作《东西均》《一贯问答》《性故》《药地炮庄》《象环寤记》，易学著作《易余》《周易图像几表》，诗词集《博依集》《流离草》《流寓草》《无生呓》《借庐语》《建初集》《鸟道吟》《合山栾庐占》《禅乐府》，文集《膝寓信笔》《浮山文集（前、后）编》《浮山此藏轩别集》以及晚年的语录汇编《冬灰录》《愚者智禅师录》等。

方以智生活的时代，处于明清易代"天崩地坼"的大动荡之际。他的一生大部分时间是在颠沛流离中度过的，屡遭大祸，几至灭门，到处流窜，亡命逃难，环境极其恶劣，生活极其艰苦，真可谓历尽千劫万难。然而，他不但积极参加实际的政治斗争，敢于坚持正义的立场，保持着豁达的品质，表现了崇高的爱国精神和民族气节，而且他那种追求社会进步，锲而不舍地钻研学问的精神，也不因遭受的种种磨难而止步，始终以顽强的毅力著书立说，在哲学、文学、经学、音韵学、书画、金石等方面造诣精深，在物理、天文、农学、医药等自然科学上成绩卓著。

在哲学上，方以智吸取百家，会通古今，以"烹三炮五吞一味"的批判总结精神，创造出的博大精深的科学与哲学相结合的体系，"继往开来，裨益后世"。

他积极倡导科学实验方法，开创了"质测"学派的先河。他说："物有所故，实考究之，大而元会，小而草木蠢蠕，类其性情，征其所恶，推其常变，是曰质测。"这就是说，事物的运动和发展都是有一定规律的，大而至于无穷的宇宙，小而至于每个微小的植物、动物，人们应从实际出发去加以考察，了解它们固有的特性和各种表现以及变和不变的种种规律，这种通过实际观测来认识物质世界的方法就叫"质测"。方以智所说的"质测"，显然颇类似现今所言的"自然科学"，即通过观察和实验，来了解各种事物固有特性和变化规律。在哲学的研究方法上，他特别强调"通几（哲学）寓于质测"，即哲学不能离开科学，科学应以哲学为指导，二者相通相益，互通互济互补，绝不能偏重或偏废，反对将两者割裂，反对孤立地运用形而上学的思想方法。他说："学者荏苒质论（质测），不能开窬通论（通几），忽遇邪异旁窃之通论，必张惶而为所惑矣。颖者巧取通论，遂尔鄙屑质论，及举天地本然之质论，及矜茫而欲逃之矣。"方以智以唯物主义观点明确提出的"质测之学"和"通几寓于质测"的重要论断，在我国自然科学史和哲学史上都具有很大意义。

方以智已明确认识到"天地亦物"，即世界统一于物质。他说："有一日之物，有一月之物，有一时之物，有一岁之物，有十岁之物，至千百千万岁皆有之，天地是已。天地亦物也。""器，固物也，心亦物也。""物之则，即天之则，即心之则也。""舍物，则理也无所得矣。"认为世界是物质的，思维的器官也是物质的；物质运动的法则就是宇宙运动的法则，也就是思维活动的法则；真理是在事物之中，而不是在事物之外。这就是物质第一性的观点。方以智继承、探讨了我国古代的"气"为万物本源的学说，提出了"气以火运""气动皆火"的新见解，已经认识到自然界是运动的，人生也是运动的，运动是永恒的，是永远也不会消灭的。

方以智接受了管子的"宙合"说，并赋予新解："管子曰'宙合'，谓宙合宇。灼然宙轮于宇，则宇中有宙，宙中有宇。春夏秋冬之旋轮，即列于五方之旁罗盘。"他把管子的"宙合"明确地解释为"宙合宇"，指出宇就是空间，宙就是时间，时间和空间是彼此不能孤立存在的，是不可分割的。他把时间比做轮子在空间旋转运行，所以空间里有时间，时间里有空间。春夏秋冬则是并列在运动天体不同方位的时间罗盘。恰当的举例，精辟的新阐发，把时间与空间的联系阐释得深刻又形象。方以智"宙合宇"的新思想，在中国时空观念发展史上，独树一帜，极其光辉。

方以智指出："凡有一物，必有其故。""推而至于不可知，转以可知者摄之。""以可知藏其不可知。"他认为，事物都有它们的所以然，"不可知"实际上是"可知"的，不可知的东西能够从可知的东西里反映出来，只不过"可知"是通过"格外致知"来实现的，而"不可知"

是通过"可知"来认识的，他把这叫作"以费知隐"。这就是客观世界是可以认识的观点。方以智说："天人之不二，知行之一致。"将"知行之一致"作为自己知行观的纲领。他认为，在实践过程中，"知"与"行"是"分合合分"性的"自为代错"的辩证运动，主体的认识同主体的实践也是辩证的统一。他在《易余·知由》中以一个商人出门做生意为例，深入浅出地阐述了由"行"到"知"再由"知"到"行"的辩证认识过程，说明了实践在从不知到知，从知之浅到知之深的认识过程中的作用。方以智又说："片面性的认识，不可能解惑决疑，也不可能洞彻事物的奥秘，当然也就对深入认识外界事物不起作用，所以要克服产生片面性认识的心理因素，因为被权势所惑、患得患失，就不可能洞察事情的表里、原委，保持内心世界圆通透彻，从而导致实施的行为不恰当，也就不可能正确地推究事物，把握其理。"方以智在认识论方面的见解，在当时来说，是非常深刻，非常具有新意的，对于近代哲学的认识论的发展具有重要的启迪作用。

对于矛盾的普遍性，方以智的论断明确而且论证也相当翔实。他说："（天地间的事物，诸如）昼夜、水火、生死、男女、生克、刚柔、清浊、明暗、虚实、有无、形气、道器、真妄、顺逆、安危、劳逸、剥复、震艮、损益、博约之类，无非两端（意即"矛盾"）。"他认为，天地间的一切运动着的事物，不仅"处处有矛盾""时时有矛盾"，而且事物运动过程中自始至终贯穿着矛盾。他在《一贯问答》中指出："设教之言必回护，而学天地者可以不回护；设教之言必求玄妙，恐落流俗，而学天地者不必玄妙；设教之言惟恐矛盾，而学天地者不妨矛盾。"方以智第一次从广义逻辑上使用了"矛盾"这个概念。方以智的"阳统阴阳""两端贵先""两端之中，又有两端""相侵相逼"的哲学思想，则强调了每一对矛盾都是由两个互相排斥的对立面所组成，矛盾的主要方面在矛盾中起主导作用，但不能因此而忽视矛盾次要方面在矛盾中的作用。矛盾的对立和斗争是永远存在的，矛盾的对立和斗争具有积极和促进作用。在中国哲学史上，方以智第一次明确提出了对立统一的矛盾法则是宇宙的根本法则。

方以智认为，任何事物莫不分而为二，要认识抽象的"一"，只能就具体的"二"去把握，若脱离"二"去把握"一"，更是不可能的事了。"一在二中""合二而一"，从"二"把握"一"，就"一"认识"二"，以达到"不二不一之存泯同时"，把握"一"与"二"的同一。"交也者，合二而一也，轮也者，首尾相衔也。凡有动静往来，无不交轮，则真常贯合，于几可征矣。无始终而有终始，以终即始也。"方以智对"一"与"二"之间相互关系的看法，即是对关于矛盾既对立又统一观点的全面而深刻的认识，同时他还告诫人们要正确对待对立统一的矛盾法则，不可"丧二求一，头上安头；执二迷一，斩头求活"。他站在更高的角度，力扫窠臼，明确提出了"交轮几"的思维模式和"一分为二""合二为一"的合理命题。

方以智在自然科学上的成就，主要集中体现在他所著的《物理小识》中，此书是一部我国古代专门论述自然科学方面的百科全书式的著作，内容包括天、地、历、风雷、雨旸、人身、医药、饮食、金石、器用、草木、鸟兽、鬼神、方术、占候、异事等类的研究。在这部著作里，方以智搜集、整理、总结、综合了我国古代已有的科学成就，批判地吸收了当时由西欧传来的科学知识，并且就其中不少问题所提出的独到见解，在当时具有先进性。

在文学创作上，方以智提出了"中边"说的文论，认为"词为边，意为中"，这是说作品的思想内容与艺术语言来自作家的思想修养与艺术修养，只有"读书深，识力厚"，以天下兴亡为己任，以经世致用为

鹄的，以实事求是为指导，才能有学有识，修养深厚，所作文章就能
"发抒蕴藉，造意无穷""孚甲新意，熔铸伟辞"。

他将哲学用于指导文学，提出关于端本于经、练要于史、修辞于
汉、析理于宋的崭新见解，反映了当时桐城学者的主要倾向。他的《文
学薪火》一文，推崇左（传）、国（语）、庄（子）、马（司马迁）为文
章嫡传，对后来桐城派的形成有直接影响。方以智的篇篇妙文佳作，
"发笔颇有凌云气"，气韵饱满，气势贯通，手法多样，善用譬喻，分析
议论，层层推进，句句入理，具有极强的逻辑性和哲理性，具有很强的
感染力。王夫之称赞说："（方以智）蚤（早）以文章誉望动天下。"

方以智的诗歌"直追汉魏，笔阵纵横"，"情怨而不怒，词整浑而
达，气激壮而沉实"，有相当高的造诣。这不仅因为他熟练地掌握了各
种表现手法，更重要的是他具有浓烈真挚的感情。他的诗写得真实恳
恻，或慷慨，或沉痛，或恳挚，但皆发自心中之诚，言之有物，勇于创
新，首开良好诗风与学风，这就为有清一代诗歌的现实主义精神奠定了
良好的基础。

方以智的书法、绘画，兼取各家之长，赞同董香光的"南北宗论"，
注重笔墨情趣，主张"以画为乐，意到笔随"，坚持"书中有画，画中
有书"的创作原则，提倡"画中有物，物中有声"的创作理念，追求
"萧散容与""心意闲澹"的艺术境界。

方以智的楷书作品，方正古朴、骨格俊朗、笔笔爽利、字字精神，
既端庄稳健、神完气足、酣畅淋漓，又清秀潇洒、逸气翩翩、神采飞
扬。书风虽类元初书法大家赵孟頫，但更多的是吸取前人精华，独树一
帜。他的行草书作，点画瘦劲清秀，结字大小错落，正斜并用，映带自
如，方峭与圆畅水乳交融；行笔圆转方折，偶有出锋，藏而微露；曲处
有筋，直处有骨；当行即流，当停即止；秾纤修短，风神流动，富于变

化；可谓染翰似龙腾蛇引，运笔蓄刚劲之势，寓澎湃激烈之情于平静中和之中，姿态新颖，超凡脱俗；"神情露于毫发之间"，借书法抒怀，以书法展示个性。其书风深得唐人章法而意趣则全得晋人的古朴，"圆润浑厚之笔，取法于钟、王，疏密大小之姿，变化于北魏；而驰骋奔放之势，又出于张旭、怀素之间，别有精神，自成风貌"，可谓雄厚、潇洒、秀丽兼备，集诸大家之长，浑然自成一体。

方以智的绘画作品，好用秃笔焦墨写成，画风幽淡，荒疏简远，母题多为枯山寂水、孤树奇石、墨竹兰草，注重笔墨情趣，不计形似而有生趣，意在画外，深得元人冷静幽隽之韵。《支那名画宝鉴》一书称其山水画："淡墨细笔，不事渲染，生趣自然。"秦祖永、潘天寿等人多次在著作中称许他的绘画是："纯用秃笔，意兴所到，不求甚似。……勾皴，不事渲染。而生趣天然，令人爱玩一置，真白描高手。……山水淡烟点染，多用秃笔，不求甚似……全以禅机而入画意，得生趣天然之妙，为黄山别开法象者。"方以智以哲人的思想来操持画笔，以象征意味的物象，复题些禅诗偈语，来发泄胸中的不平与愤慨，抒发内心的感悟与希望，借图像来传达自己的哲学观和人生观，创作了大量禅意十足、趣味无穷的精品画作。

钱澄之传略

钱澄之（1612—1693），初名秉镫，字饮光，一字幼光，晚号田间，自号田间老人，又号西顽道人，世称田间先生，枞阳县枞阳镇麦园村麦园庄人。他 12 岁时作文写诗，一挥而就，新意十足，称誉乡里；16 岁，"春间县试，取第四名"；青年时先后参加了枞阳"青山文社"和安庆的"中江社"。明崇祯初，"逆阉余党"某御史来到安庆，"大摆仪仗，威风显赫"。在该御史拜谒孔庙时，钱澄之挡住车，扯毁帷帐，拎起一桶脏水，向趾高气扬的御史泼去，并当众揭发他贪赃枉法、祸国殃民的卑鄙行为，"一时观者如堵"。这一举动，使钱澄之名闻四方。崇祯五年（1632 年）冬，钱澄之退出"中江社"，参加了"复社"，他不仅参加了复社的文学集会，而且参与了复社组织声讨马士英、驱逐阮大铖之流的政治斗争。马士英、阮大铖得势后，以"拥戴疏藩、谋为社稷"之罪，追捕钱澄之。钱澄之变姓名，遁逃吴中，避难隐居嘉善钱仲驭家南园小阁。

南明弘光元年（1645 年）5 月，清兵攻陷南京。钱澄之奋起反清，参与钱棅组织的反清复明起义，起义军兵败震泽后，钱澄之亡命南遁，走浙江，奔福建。7 月，唐王朱聿键在福州称帝，先后授钱澄之为吉安、延平府推官。唐王朱聿键死于福州后，钱澄之冒死出闽，间道宵奔，经赣入粤，投奔明桂王朱由榔。经过特试，被授为礼部精膳司主事、翰林院庶吉士，官至翰林院编修、管制诰。桂林被清军攻占后，钱澄之曾一度削发为僧，法号西顽。清顺治八年（1651 年），钱澄之由岭南间道归故里，结庐先人墓旁，杜足田间，闭门著书。康熙十年（1671 年），移居枞阳镇"北山楼"。回乡后，钱澄之"誓死反清复明"，积极参与并支持汉族人民进行的抗清斗争。

康熙三十二年（1693 年），钱澄之逝世，葬于枞阳县山镇桃花村余葛庄桃花山南麓的"钱家犀牛地"。

钱澄之所处年代，正是改朝换代的动乱年代。他在病危几死、绝粮几死、遇乱几死、精神痛苦、生活凄凉的境况下，对人生仍始终保持着乐观的态度，民族意识与民族气节浓烈。他专注于学术研究和文学创作，在文学、史学、哲学、易学、地理学、宗教等领域都有建树。

钱澄之"才敏绝人，作为诗文，摇笔辄就，意不可一世。……每一落纸，竞相传写，上自卿士大夫，下至田里、负贩妪孺，皆吟诵不去诸口。"钱澄之一生创作了大量"期使人解"的诗文，真可谓"诗歌古文满天下"。

钱澄之"自总角学诗，迄今二十年。其十年茫如也。戊巳以后，始能明体审声，一窥风雅之旨。所拟乐府，以新事谐古词，本诸弇州新乐府，自谓过之。五言诗远宗汉魏，近间有取乎沈谢，誓不作陈隋一语，唐则惟杜陵耳。七言诗及诸近体，篇章尤富，皆欲出入初盛之间，间有为中晚者，亦断非长庆以下比"；钱澄之"回乡以后，隐居田间，躬耕劳动，坚持民族气节，田间一集，即其晚年作品，风格与陶渊明相近。

综其全诗，以白描擅胜者为多，兼陶、杜之长而不摹其迹，自创新面目。其诗特点，一是感慨讽喻，婉而多讽，真得古三百篇之旨；二是自抒性情，冲澹深粹，得渊明神理，而如咏史诸作，复有渊明金刚怒目的一面"。

他的"五言古诗多为纪事、纪行之作，篇篇精彩，剪裁得体，描写生动，细节毕肖。其七律，沉雄劲健、慷慨激越、沉郁悲凉。如七言歌行诸篇，多能大气包举，开阖自如，笔力雄健，顿挫抑扬。作者用此体颂战功，悼忠烈，具有一种荡人心魄的力量；刺时政，抒愤懑，能引发读者强烈的共鸣"。为了加大容量，加强情感的抒发，或者为便于纪人、纪事，作者往往将律诗、绝句组诗化，常有 20 首、30 首，甚至长达 60 首者，显现出才力的充沛，构思的精熟。无论从格律、辞采，还是从意象、情韵上品评，钱澄之的诗多数应是上乘之作。

钱澄之"每有感触，辄托诸篇章"，"其间遭遇之坎壈、行役之崎岖，以至山川胜概，风俗之殊态，天时人事之变移，（在他的诗中）一览可见"。而各地义士的抗清活动和抗清志士的精神风貌，以及作者在抗清斗争中百折不挠的刚毅精神，反映得尤为突出。在退隐枞阳故里所作的田园杂诗中，其郁勃愤激的心情，往往见之于诗歌的字里行间。诗的内容，不仅记录了他个人的遭遇和感受，还反映了明末的社会动乱及残酷的政治斗争和深重的人民灾难，既有文学价值，同时也是极其珍贵的史料。

钱澄之的诗，以情驭文，深得白居易、陆游之神髓，于平淡中蕴藏深厚感情。王夫之曾赞扬"安庆钱秉镫诗体整健"。韩荭称道："读先生之诗，冲淡深粹，出于自然，度王（维）孟（浩然）而及陶（潜）。"朱彝尊评其诗曰："幼光禁罔潜踪，麻鞋间道，或出或处，或嘿或语，诗屡变不穷。要其流派深得香山、剑南之神髓而融会之。"又借用昔人评陶渊明语称："心存忠义，地处闲逸，情真，景真，事真，意真。《田间》一集，庶几近之。"

钱澄之的文章涉及面很广，或言科举之失，或论地方官的重要性，或为南明行朝谋划抗清立国大计、用人行政措施，或是批判朝政、总结失败教训，或传写义士业绩，或载录南渡史事，或写乡间小景，或抒沿途见闻。风格、题材多样，境界开阔。

钱澄之的奏疏、议论、书牍，大多气魄雄大，立论准确，论辩有力，鞭辟入里，富含浓郁的情感。作者说理除引经据典外，还善于设譬和描写，增强形象性和直观性。在文章中，他还善用长句、排比句，有先声夺人、荡魂摄魄之势。他特别追慕苏轼之文风，论才情、文情确实与苏轼有相类之处，尤其表现在论议的作品中。有人论其《南渡论》《闽论》《粤论》三篇文章，见解独到，议论宏肆，笔力雄健，切中肯綮，"虽三苏亦为逊色"。

他的记叙作品又吸收了史传、韩欧笔法，或简洁，或漫衍，文随体变，运作自如，表现了钱澄之全面、精纯的文字功夫。他有着很强的叙述事件、描写人物的技巧，特别是描摹情态、渲染气氛的细节描写，常常能以极省简的笔墨，抓住人物特色，使其跃然于纸上，使人如闻其声，如见其状，具有引人卒读的力量，从中可看出他简约清晰的叙事能力和色彩绚烂的描写能力。最可贵的是，他的记叙作品，也绝不停留在叙事画人，而善于抓其典型意义，生发开去，联系天下大计，议论横生，既阐发个人卓见，又使人物精神得到升华，有以小寓大的效果。

钱澄之"熔经铸史，综贯百家，学养深醇，气积势盛，故尔才气骏发，不可控抑，不期工而自能工。持其深醇雄厚之气发而为文，表证出简洁质实，不事藻绩，明白如话，气顺语畅，真璞自然的艺术风貌"。他的文章"如泉之流，清莹可监，甘洁可饮，萦纡不滞以达于江海，使

读之者目明而心开"。他的古文"有物有则，雅言畅洁，一扫枝叶"，
"非特一扫明季之陋，即清初诸大家，亦鲜有能与抗衡者。当时有此雄
厚之气者，惟大兴王源庶几近之。（钱）澄之不以文名，而文章之事，
莫之或先"。

在文学理论上，钱澄之很欣赏韩愈的"惟陈言之务去"的观点，极
力反对"陈言"，强调作文作诗要"有性情""有至情"，才能"有至
文"。他所强调的为文为诗要有性情，要有至情，绝不仅局限于作者个
人的性情或激情，更重要的是要同情人民、关怀人民，能代人民说话，
表达爱护人民的感情。因此，他很看重关心"民隐之痛"的古文和诗
歌，认为有关"民生之利病"等方面内容的作品，具有永久的生命力。
他认为，在文学作品中，作者要真实地表达性情，要随"世"而变。而
文人的感情变化，与其所处的时间、地点即社会环境有着密切的联系。
只有通过特定的"时"与"地"表现出来的性情和所写作出来的诗文，
才有"真意"，才能"得名风雅"。他明确指出，要做到准确地、生动地
反映社会现实，写出有力度的诗文，并非是一件轻而易举的事。作者应
通过深层次的读书和观察自然、认识自然，使自己具备深入的和多方面
的生活实践和艺术实践，富有高度的艺术及各方面修养；作者应敢于创
新，"不必尽合于古人"，走自己的路，思想要"一意孤行，直摅其所独
见"，"造语"要"出人意表"，要有自己的"气韵"和"神情"，形成自
己独特的风格。只有这样，在创作时就能"博学深思""明理识定""穷
理达变"，以达到"洋洋洒洒"，抒情达意，"自我言之"的境界，才能
选用出"确（确切）""典（典雅）""明（显明）""响（响亮）""奇（奇
特）""恰（恰当）""好（美好）"的语言，来表达自己的思想和抒写自
己的感情，才能够写出"雅"的诗文，才能创作出意象生动新颖、韵味
十足的文章来。

姚子素认为："（钱澄之）负环特之才，以生值末季，离忧抑郁，发愤著书而卒。以经学文章，开起桐城派，方望溪实录其绪论而兴起者也。"钱澄之"摒弃俗学八股文，专治经书古文"，同邑后进方苞曾受其教益。《安徽历史述略》说："方以智发表《文章薪火》，作为桐城派的滥觞，钱澄之的《饮光先生文集》问世，树立了桐城派的楷模，他们已开桐城派的先河。"

钱澄之在明清的《易》学发展史上占有十分重要的地位。《四库全书总目》评曰："其学初从京房、邵康节入，故于象数言之颇详，后乃兼求义理，参取王弼注、孔颖达疏、程子传、朱子本义，而大旨以朱子为宗。"吴怀祺说："（钱澄之）博采汉宋以来治《易》之所得，兼综象数、义理，会通《易》《诗》与庄、屈诸子，汇一方《易》学之成就；承黄道周、蔡清治《易》的学统，尊朱而有辨正；学有渊源、宗旨，兼纳百家；治经兼及于史，倡节义。凡此都是钱澄之的《易》学特征。"钱澄之的著作《田间（易）学》是其治学的哲理基础，书中的许多内容及观点，如阴阳矛盾观，以及由此发展出来的运动观、爻爻皆象的认识论等，都具有唯物主义的倾向。

钱澄之著有《田间（易）学》《田间（诗）学》《庄屈合诂》《藏山阁集》《田间诗集》《田间文集》《所知录》等。《所知录》一书真实地记录了唐王隆武元年（1645 年）至南明永历五年（1651 年）间所发生的一系列重大事件，其所记时间不足 7 年，但却是南明史上极为动荡、极为惨烈、极其重要的一段时期，"为记隆武、永历两朝最直接之资料，堪备南明史事之征"。

方孝标传略

方孝标 (1618—1696)，本名玄成，避康熙皇帝玄烨讳，以字行，一字元锡，别号楼冈，又号钝斋，枞阳县枞阳镇方家墩人。方孝标青少年时，正值明末动乱之秋，17 岁时随父母迁居金陵。顺治三年 (1646 年) 举于乡。顺治六年 (1649 年)，进士及第，改庶吉士，授翰林院编修，任内弘文院侍读学士。他抱负远大，为文极佳，办事干练，忠心耿耿，颇具治世之能，深得顺治皇帝的青睐。顺治十一年 (1654 年)，诏举词臣之才学兼优、品端音亮者 11 人，侍帷幄备顾问，顺治皇帝亲选 7 人，方孝标名列其中。顺治十二年 (1655 年)，举行经筵，其讲官必列六部堂上官，及翰林三品以上姓名，方孝标以学士被简用，顺治皇帝"尝呼为楼冈而不名"，还说："方学士面冷，可作吏部尚书。"方孝标沐浴着新主的宠眷，可谓官运亨通，大有前途。

科举既是方家的晋身之阶，又成为其蒙难的导火索。顺治十四年 (1657 年)，方孝标第五弟方章钺参加江南乡试中式。事后，社会上"物议纷起"，皆称不公。工部给事中阴应节参奏："江南主考官方犹等弊窦多端，物议沸腾，其彰著者，如取中之方章钺，系少詹事方拱乾第五子，孝标、亨咸、膏茂之弟，与方犹联宗有素，乘机滋弊，冒滥贤书，请皇上立赐提究严讯。"顺治皇帝下诏："先将方犹、钱开宗（副考官）及同考试等官革职，并中式举人方章钺由刑部差员役速拿来京，严行详审，方拱乾著明白回奏。"次年 3 月，顺治皇帝亲自复试了丁酉科江南举人，革去方章钺等举人资格。11 月，顺治皇帝亲定正、副主考官即行正法，同考试官共 18 人均即处绞，方章钺等 8 人俱着责 40 板，家产籍没入官，方孝标全家流徙黑龙江宁古塔（今黑龙江省宁安市）。丁酉科场案改变了方孝标的命运，他从一位踌躇满志的皇帝近臣沦落为受苦受难的流人。顺治十六年（1659 年）3 月 15 日，方孝标与方氏数十口人从京师出发，前往被人视为畏途的苦寒东北边塞之地，承受着前所未有的严峻的生活考验。流放塞外之时，方孝标一家，坚持著述、讲学，在落后、苦寒的东北边塞，传播文明，开启民智，"具有启蒙之功"。

历经两年多的磨难，经方孝标长子方嘉贞上书讼冤，获准由科场案中闯祸的五弟方章钺以捐资修缮京师阜城门的方式来赎父祖。方章钺捐资认修阜城门，"阅一千日"，修缮工程竣工。顺治十八年（1661 年）冬，方氏父子获释南归。

工程耗资巨大，方家欠下大批债务。在父亲的催逼和慈母的苦苦哀求下，长子方孝标从康熙元年（1662 年）到康熙十年（1671 年）间，承担起了求人乞贷归还债款的苦差事。他置自己的体面与自尊而不顾，"忍涕泪而强作逢人之笑"，东讨淮扬（今安徽、江苏两省），南征闽越，西奔滇黔，苦苦乞求亲戚、门生和朋友，尝尽了人间的辛酸。他在《职劳编自序》中以唐朝诗人王维"不行无以养，行去百犹新"与杜甫"残羹与冷炙，到处潜悲辛"的诗句来表达自己求人乞贷的可怜之状和沉重的心灵痛苦。又说自己所遭受的身心之苦是无法用语言来表达的："行路日难，叩门转数，途穷技拙，而不敢颂言其艰危。或饰空囊为捆载，视辱詈为温煦。此岂古诗人所知之苦，亦岂诗与文所能道之情哉？"求贷还款的"工作"完成后，方孝标回到金陵，勤拈其笔，以诗文自娱。康熙三十五年（1696 年），方孝标逝世，葬于江宁安德门石子冈徐家凹。

方孝标西奔滇黔返回金陵后，追录所见所闻，写成了记录南明史事的《滇黔纪闻》，这为后人研究南明历史提供了难得的文献。清康熙年间，留心南明史事的同乡后辈戴名世读而喜之，并在其所著《南山集》有关文章中提及。至《南山集》案发，祸及方孝标及其后人。

方孝标"学为古文数十年"，"琢磨词藻，斟酌古今"，"高辔词坛，驰声文苑"，"以诗文名天下"，著有《钝斋诗集》《光启堂文集》《钝斋文选》《易论》等。

方孝标论诗，继承了孔子所概括的"兴观群怨"的现实主义传统，极力主张"诗发性情"，"出于天"，推崇用诗歌"救济人病，裨补时阙"的观点，非常强调诗的社会功用。他的诗歌创作，融汇诸家、博采众长，诗句清新，"色调缤纷，风格各异"，"善于状景，而更长于言志"，直面人生，诗写其心，现实性强，以诗载"史外之事"，史料价值巨大，"既闪耀着《诗经》《乐府》、杜诗以来的现实主义光芒，又辉映着屈原、李白的浪漫主义异彩"，更"蕴含着时代风云的创新特色，具有真实反映社会矛盾、直抒情怀的清初诗歌的时代特征"，将诗歌带入了另一个境界之中。

方孝标为文，好深湛之思而不专贵于文字，博辩醇茂，言必有物，讲究经世致用，师古而不袭古。他的文章，"理则《六经》《语》《孟》之理，气则先秦、两汉、唐、宋大家之气。气以命理，理以达气，而文

章道合矣。……（其文）常则如龙吟凤响，忠厚和平；变亦非猿啸鸿
哀，忧伤怨诽。其真心与道合，文明柔顺，历进退险阻而不失其正者
乎"！"其文如千仞之山，壁立疏峙，陡伏沉渊，忽翔天际，盘旋无穷；
又如江河溢溢，百川灌之，束蜀楚连齐燕为一气，转千百年之大木、嵬
萃之石，靖万里之氛恶，渺绝涯埃，不见水端"，"度越于晚近之名人"。
方孝标论文，吸收了儒家"内圣外王"的思想精华，将理学视为"体于
心，用于身者也"，追求个人心性道德的完美。他身怀"经世济民"的
伟大抱负，"最推重朱子之文，以为文之质的"，大力提倡"明道、稽
政、志在天下"的经世之学。他强调文章、理学、经济并重，倡导作文
要"立诚""有物"，要求文学作品的思想内容符合其社会政治思想和道
德伦理规范，反对一味追求绮丽奢靡的辞藻。方孝标站在新的历史时空
下，以振兴"古文"为旗号，高唱"文以载道""文道合一"，将理学用
于指导文学，提出了"制举艺源于古文者也，古文源于理学""道德、
政治、教化乃文章之本，而文章即道德、政治、教化之华"的崭新见
解。最为人称道的是，方孝标于戴名世之前，第一次提出了"以古文为
时文"的纲领性口号，主张从古文中汲取营养，培育纯真朴实的文风。
方孝标在文学创作上的观点，对戴名世乃至方苞的散文创作和文学理论
的形成有重大的影响。

方中通传略

方中通（1634—1698），字位伯，号陪翁，学者称继善先生，枞阳县浮山镇浮渡村陆庄人。方中通 11 岁时，清军入关，父亲方以智坚不降清，弃家流亡。方中通亦被迫一度改名易姓，做溧阳陈以元之子；曾到岭南陪伴着到处奔走避难的父亲方以智，也曾多次被追捕入狱；后成郡诸生，考授州同知。他"少好三式家言，先君因命之精象数"，顺治十年（1653 年），他和薛仪甫来到南京，"始从泰西穆先生（穆尼阁）游，学乘除历算"。随后，他对中国古代《周髀算经》《同文算指》等数学专著进行了全面学习和研究。顺治十三年（1656 年），方以智庐墓枞阳横埠合明山时，授方中通《易象》，方中通"始知通几贵乎质测"，开始意识到要把数学与《易经》联系起来研究，以此来矫正西学。顺治十六年（1659 年），他远游北京，与西洋传教士汤若望讨论数学、历法；康熙十四年（1675 年），与梅文鼎"同宿秦淮八月"。在方中通的影响下，梅文鼎开始研究西方数学。之后，他远游广东恩平，隐居不仕，教书育人。

　　方中通承袭家学，"忘寒暑，废寝食，屏人事"，研究天人、律数、音韵、六书之学，著有《数度衍》《音韵切衍》《篆隶辨丛》《易经深浅说》；又阐明四世理学，著《学宗续编》；晚年从游士日众，著《继善录》；生平"崇实学，敦实行"。他的研究涉及多门学科，尤以数学成就最大。他经过十多年的努力而编写的《数度衍》一书，内容大致包括了当时所能看到的传入中国的西算和中国传统的数学知识，是一部汇通中西数学的著作，被誉为"数学方面的百科全书"。

　　《数度衍》是一部以问题形式编写的数学著作，每题后面大都有"衍""论曰""通曰"等为标志。"衍"是给出本题的解法和公式；"论曰"是对解法公式的证明；"通曰"则是方中通自己论证命题所说的言语，是作者提出的有价值的见解。这正是《数度衍》独树一帜的特点，更是数学家研究的重要成果，这些成果在当时来说，是中国数学研究领域的一个闪光点，极具有先进性。

　　《数度衍》卷二十三《杂收》中有这样一道题："环二十子，内有二黑子相连。以九数之，止处即除一子，除毕，二黑不动。宜从何处起？……通曰：五为九之中，左右各四，离黑子四位起可也。"就是说：将二十个子，排成一圈，其中有二个黑色的子相连排在一起，其余子均为白色或其他颜色。如果从某子开始数起，见九去一，将第九个去掉，然后接着再往下数，往复循环，直到剩下二子为止，那么从哪个子开始数，可使剩下的二子恰好是二黑子？方中通认为，以黑子前第四子作为见九去一的起点，即可保证二黑子不动。如果将二十子从起点起编号，则二黑子必须排在第五、六号上（这个答案是正确的）。"五为九之中"，第一个黑子应在第五位上（这个答案只对本题成立）。题后他还对这个问题进行了论述："大凡以九数者，不拘多寡，中必有相连二子不动。七亦如之。惟起处当临时测耳。"显然，《数度衍》中所列的这个问题属于约瑟夫斯问题的实例。方中通的记述不仅说明中国人在十七世纪或在更早的时间已经接触到了数学游戏约瑟夫斯问题，而且还对此类问题进行过研究和推广。

《数度衍》卷十一《少广之六》有这样一段话："抽两位之互乘，则并所抽之两位共为几位，既知互乘之数，必与其位数合也。如抽第一位、第三位，二与八互乘得十六，以一位与三位并为四位，则第四位之数必十六也。""两数相乘可与两数相加后对位数而成倍数。"钱宝琮主编的《中国数学史》认为这种"倍加隔位合数法"实际上是在讨论对数。《数度衍》中讲到的对数，虽是对对数初步的讨论，且篇幅也不大，但这却是中国人自己写的、论述对数的第一本书，方中通也就成为中国论述对数第一人。

方中通以应用方便为原则，对于中外的运算法则有所创新，有所突破，在《数度衍》中对乘法运算规则进行了论证和改进，给出"0"的运算法则是：$0 \times A = 0$、$A \times 0 = 0$、$0 \times 0 = 0$，这项法则在中国古代数学史上首次被明确提出来。他在"合破成立圆法"中运用了先"化整为零"、再"化零为整"的方法，因而其在求解球体积的思想方法上与现代分析学中的思想方法基本上是一致的，已经具有了微积分思想。

在《数度衍》卷首"九九图说"节中，收录有中国古代的十五中纵横图，三阶、四阶至十阶幻方，聚五、聚六、聚八，攒九即幻圆和异形幻圆等组合图形，统称为"九九图说"。方中通对能体现中国悠久的数学文化和中国古代先进的数学成就的各种组合图形进行了深入的研究和进一步的论证，给出了各类组合图形的一般性定义，指出了它们的本质和变化规律。这也是方中通在数学研究上取得的重要成果之一，从中反映出他对数学对称性、统一性的追求，以及对辩证法的运用。

方中通对珠算、笔算、筹算、尺算（以下简称四算）进行了细致的系统性和比较性研究。认为：中国的珠算和西方传入的笔算、筹算（讷贝尔筹算）、尺算（比例规）都是极其重要的计算方法，这四种运算（以下简称"四算"）体现了部分与部分、部分与整体之间的和谐一致，既紧密相连，又变化莫测。相比较而言，珠算擅长的是加法、减法，原因是珠算在加减运算中有十分简捷的运算口诀；笔算擅长的是除法，原因是用笔算进行除法运算得心应手，最具有灵活性，得出的结果最为方便，最为快捷；筹算擅长的是乘法，因为珠算、笔算是先列完式之后才计算结果，筹算则是"无数先乘"，把"九九"之数预先列好，只要给出算式，结果自然得出，所以乘法用筹算最为便捷；尺算的长处是比例算法，因为减法就是加法，复杂的加减法又衍变为乘除法，"乘除亦无非比例，（而尺算是通过几把尺子互相配合进行运算），故比例以尺算为便"。在比较研究中，方中通运用简单和通俗的方法，对大量毫无联系的个别情况加以描述，找出它们各自的长处和特点，并对其长处和特点进行了论述。

为了使计算更为简捷、易懂，方中通不拘泥于前人，熔冶中西，进一步发展了珠算，改进并简化了尺算、筹算、笔算，将西方科技成果以中国学者能够接受的形式表现出来，将西学的普及纳入国学研究的轨道。这种做法固然有"西学中源"说的因素，但适合大多数中国学人的脾味，从而在一定程度上促进了"四算"在中国的传播、推广和发展。

方苞传略

　　方苞（1668—1749），字凤九，一字灵皋，号望溪，祖籍枞阳县义津镇高升村方皋庄，父辈曾迁居于枞阳县官埠桥镇黄华村，出生于江苏六合。方苞 5 岁开蒙，少年时期就露出了尚文的端倪；康熙二十八年（1689 年），获岁试第一；康熙三十年（1691 年）游京师，学问、才能、文章得到惊人的提高；康熙三十八年（1699 年），获江南乡试第一；康熙四十五年（1706 年），应礼部试，成进士，位列第四；康熙五十年（1711 年）因戴名世案牵连入狱，后得赦，入直南书房编校诸书；康熙六十一年（1722 年），充任武英殿修书总裁；雍正九年（1731 年）后，他历任詹事府左春坊左中允、翰林院侍讲、翰林院侍讲学士、内阁学士兼礼部侍郎、礼部右侍郎，充一统志馆总裁、皇清文颖馆副总裁、三礼义疏馆副总裁、经史馆总裁等职；乾隆七年（1742 年），自请解职，乾隆皇帝许之，赐翰林院侍讲衔。

　　方苞自幼接受封建纲常礼教的教育，又深受儒家伦理道德的影响，生平言行，待人接物，笃于伦理，遵循礼法；事父侍母，至孝至顺；兄弟相亲，情同手足；朋友相交，以诚相待；为人敦厚，性格刚直，不阿权贵，仗义敢言，常以天下之公义、古贤之大节相砥淬，而未尝言及自己之私利。他一生注重名节品行，身怀天下大志，讲求经世济民，"品高而行卓"。为官期间，勤于政事，"正色立朝"，敢于直言上奏；所上的奏章，内容涉及吏治民瘼、惩治腐败、选贤任能、治理水利、边疆建设等方面，所言均切中时弊，见解独到，提出的解决办法亦很具体，充分表现出方苞爱国忧民、为民请命的政治情怀。

方苞论文以宋儒程、朱之说为主。散文则推崇唐宋八大家，继承了散文发展史上古文运动的一些精神，与明代公安派、竟陵派，尤其是唐宋派相衔接；反对宋初西昆派、明初台阁体模拟因袭的诗文发展倾向，反对明代前后七子的诗文复古主张。同时，他注意吸收同时代进步之士的文论主张，极力倡导桐城派先导戴名世所说的"道也，法也，辞也，三者有一之不备而不可谓之文"的文论思想，力求创造出一种清真雅正、谨严相质的纯粹散文，从而明确地提出了古文的"义法"说，并对"义法"的内涵反复进行阐述。他在《又书货殖列传后》说："《春秋》之制义法，自太史公发之，而后之深于文者亦具焉。'义'即《易》之所谓'言有物'也；'法'即《易》之所谓'言有序'也。义以为经而法纬之，然后为成体之文。"

显然，方苞所说的"义"，是文章内容方面的问题；"法"是文章形式方面的问题。"言有物"，是指文章要有充实的内容，即作文要有政治内容、社会内容、时代内容，具体地讲，就是文章必须宣扬方苞所崇尚的宋儒的"义理"，以达到"济于实用""助流政教"的目的；"言有序"，就是文章的作法、约则，它包括文章的详略、虚实、措注、排纂等具体的剪裁、结构等问题。"义以为经而法纬之"，是指文章的内容与形式要互相统一，也就是说"义"包含在"法"之中，而"法"又是

"义"的具体表现，因"义"立"法"，由"法"而见"义"，用现在的话来讲即是内容决定形式，形式服务于内容。以往的各文论派别，都提出过重视内容和形式统一的主张，但到了方苞的"义法"说，才把观点提得集中明确，解释得清楚透彻，运用得精到灵活。

雍正十一年（1733年），方苞"约选两汉书疏及唐宋八家之文"，替和硕果亲王编纂了《古文约选》，"刊授成均诸生"，"以为举业准的"，乾隆初又"诏颁各学官"，使《古文约选》成为钦定的古文教科书。在该书的序例中，方苞陈述己意，倡导"义法"，从而就使自己的文论主张具有了"钦颁"的权威性，这也就为天下士人提供了一部以"义法"论文、用"义法"规范文章的示范书。因此，"义法"说得到了当时统治阶级和封建知识分子的普遍重视，其影响之大，可以想见。

方苞"义法"论中所强调的文学观点，对于明代以来文坛上弥漫着的虚矫浮夸文风，确实能产生振聋发聩和起衰救弊的积极战斗作用。其文论中所包含的"义理"又能为封建正统文士所容易接受，桐城派的古文运动便是在"义法"说的旗号下得以形成、发展和壮大起来的。"义法"之说，成为桐城派文论体系的核心和基本纲领。

在"义法"的原则下，方苞面向现实，自求突破和创新，他认为，散文的最高艺术境界是"雅洁"。要做到"雅洁"，就必须准确区分文章的题材和体裁，对不同题材和体裁，务须区别对待，这是因为"古之晰于文律者，其所载之事，必与其人之规模相称"。为了真正实现"雅洁"，就必须剃字芟句，删繁就简，多汰多练，"如煎金锡，粗矿去，然后黑浊之气竭而光润生"，只有这样，才能汰去杂质，使文章词灼意达，情隆境深，秀洁典雅，至醇至净，达到"澄清无滓，澄清之极，自然而发精光"的艺术境界。

　　"望溪先生之文，体止而法严；其于道也，一以程朱为归，皆卓然有补于道教。""宋以后无此清深峻洁文心；唐以前无此淳实精渊理路。"方苞的文章表现出雅洁醇厚、感染力强的特点。他最擅长议论文写作，他的文集中有许多议经、议理、论世、论人和读史论政的文章。有些文章议论激昂，音调沉郁；有些却又委婉温细，感人心肺。有些文章庄谐杂陈，文字灵动；有些却又才高识远，弦外有音。在表述上，把小说、散文等文学表现手法引进了议论文，寓论理于叙事之中，将议论文写得有理有趣，别致严谨，富有艺术韵味。他创作的记叙文，认真贯彻"所载之事，必与其人之规模相称"的创作要求，思想意义强，艺术技巧完美，文从字顺，清通严整，叙述扼要，流畅明晰，笔意昭然，寓理深远，写得尤为精彩。方苞在创作人物传记之类的作品时，继承了太史公的笔法，往往在文章的结尾或中间，或插入自己的议论，或引入他人的评述，或加上人物对话、人物自白，对某事、某人做出评价，抒发个人情怀，畅言对社会及人生的感慨。有时还在文章中运用比喻、排比等句式，阐明深奥的道理，弘扬文章的气势。这些笔法的运用，点明了文章的旨意，提高了说服力，起到了画龙点睛、一针见血的效果，让读者欣赏起来，有一种美的享受。

　　方苞揭橥"义法"，标举"雅洁"，对于桐城派古文运动的发展起着定向作用，表现出巨大的号召力量。他揭示了古典散文创作的基本规律，创立了内容丰富、内涵深刻、独具特色、系统完整、影响久远的散文理论；他创作的大量散文作品，讲究形式技巧，讲究取材的多样性和典型性，追求雅洁的文风，追求思想与艺术并重，"为我（清）朝百余年文章之冠"，开一代文章风气之先。方苞是成就一代桐城派散文事业的重要人物，被称为"桐城派的立论之祖和桐城派的奠基者"，与姚鼐、刘大櫆并称为"桐城派三祖"。

　　方苞著有《周官集注》《周官析疑》《考工析疑》《周官辨》《仪礼析疑》《礼记析疑》《春秋直解》《春秋通论》《春秋比事》《春秋义法举要》《丧礼或问》《诗义补正》《左传义法举要》《删定荀子》《删定管子》《史记补注》《离骚正义》《文正集》《附文外集》《补遗》等，共有二百余卷，涉及经、史、子、集等诸多方面。

方观承传略

方观承（1698—1768），字遐谷，号问亭，又号宜田，枞阳县枞阳镇方家墩人。康熙五十二年（1713年），《南山集》案定案，杀戴名世，戮方孝标（方观承曾祖父）尸，家属充发黑龙江，累及戴、方两族三百余口。方观承的祖父方登峄、父亲方式济等均被株连流放黑龙江戍守卜魁城（今齐齐哈尔）。方观承虽因年幼不在流放之列，但顿时家室崩散，骨肉分离。年幼的方观承不得不到处流浪，先后寄居在金陵城西清凉山僧寺和扬州某盐商家。生活困难、举步维艰的方观承十分思念远在东北的亲人，他常常从江南步行到黑龙江探望祖父和父亲，从江南到塞北，再由塞北回到江南，在16年里，方观承居然南北往返达7趟之多。父亲、祖父先后病逝于卜魁之后，方观承流落京城，更加贫困潦倒，在东华门外卖字卖画、替人测字算命，勉强得以糊口度日。方观承虽然尝尽了人间苦味，但他更加励志勤学，读万卷书，行万里路，体验稼穑之艰难、旅途之艰辛，历经沧桑世故，已将自己历练成了一个品行端正、忧国爱民、办事干练、视野开阔、识见高超的儒雅之士。

　　雍正十年（1732年），平郡王福彭奇其才，奏为记室，旋授内阁中书舍人，次年加中书衔。雍正十三年（1735年），补内阁中书。清乾隆二年（1737年），充军机处章京，累迁吏部郎中。乾隆七年（1742年），授直隶清河道，兼掌治河。乾隆八年（1743年），迁直隶按察使。乾隆九年（1744年），迁直隶布政使。乾隆十一年（1746年），署山东巡抚。乾隆十四年（1749年），任直隶总督。乾隆二十年（1755年），加太子太保，署陕甘总督。次年回任直隶总督。乾隆三十三年（1768年），方观承病逝于保定任所，谥恪敏。乾隆四十四年（1779年），乾隆皇帝御制怀旧诗，将其列入"五督臣"中。

　　方观承为官期间，忠君爱民，广施德政。锄豪强，理冤狱，重教育，兴水利，开农田，储粮食，重植棉；赈饥济困，尽革陋规，廉洁奉公，知人善用，政化大行。平生操行谦雅，清正勤廉，家无余财，颇受称道。后其子方维甸、侄方受畴亦官至直隶总督，故有"一门三总督"的美称。

　　方观承关心农业生产，专心研究水利事业。乾隆十六年（1751年），撰写了《两浙海塘通志》，专论保护海岸、防止海水侵蚀的方法。

　　当时永定河是直隶省最难治理的河流，历任官员均束手无策。方观承提出了"永定河自六工（地名）以下，河形高仰，请就旧有北大堤改移下口，庶水行地中，畅行无阻"的治水方法，但在治理过程中，他从实际情况出发，在永定河下口出冰窖（地名）坝口，于坦坡埝，尾东北斜穿三角淀（浅水湖泊），再引河入叶淀，自凤河转入大清河，达到了治理永定河浑流的目标。过了两年，下口十里内淤阻，他又奏疏，请求把永定河下口改自北岸六工入凤河，得到乾隆皇帝批准允行，永定河得到了治理。

　　在治理直隶境内各条河流方面，他把子牙河自杨家口至阎儿庄一段改支河为正河，把滹沱河自晋州张岔口改流，南出宁晋县入滏阳河。把漳河自临漳县东南改流趋大名县分支，一支出城北，一支流入河间县，并在河口筑堤，断水南流，疏浚河身，引水归于旧河道；又疏浚易州安国渠，开渠灌田。其治水之策，皆因地制宜，或开新河，或导入旧河，或分或合，或筑堤，或疏浚，或开渠，洞彻地势，相时决机。在水利兴修中，方观承采取了"以工代赈"的办法，发动了32个州县的民工总体出动，"筑叠道，开沟渠"，使大兴、宛平等22个州县的水利兴修工程在第二年即"诸工皆竟"。方观承对直隶境内各河流进行的综合性治理，措施得力，方法得当，行之有效，达到了"沥水有归，农田杜患"的目标。

方观承"具知南北厄塞及民情土俗之宜"，"尤勤于民事"，对棉花的生产及加工给予了高度重视，并大力倡导植棉。他认为，种植棉花"功同菽、粟"，只有使农民重视植棉纺织，才能使"衣被独周乎天下"。在这种思想的指导下，他于乾隆三十年（1765年）绘制完成了我国第一部植棉专著——《棉花图》。

方观承绘制的《棉花图》分为上、下两册，共21开，每开以半开木刻版画，版画的内容是纪实的，详细记载了当时中国的棉业情况，是以棉花栽培和加工方法为题材而绘制的一套从植棉、纺绩直到织染成布整个过程的图谱。另外半开除有方观承的题记（文字说明）及七言诗外，还有乾隆帝亲题的七言诗一首，故又名《乾隆御题棉花图》（现藏于中国历史博物馆）。图外还有清圣祖康熙所作《木棉赋》和方观承的两个奏折以及为《棉花图》所作的跋。图像生动逼真，清晰明了；书法精到，儒味十足；诗文题记，言简意赅，通俗易懂；充分反映了作者具有颇高的艺术和文学功底。用画和诗文相配合，图文并茂，来传授棉花栽培和棉花的加工方法，可谓匠心独运。

　　《棉花图》共 16 幅。1 至 5 幅选名为：《布种》（即播种）、《灌溉》《耘畦》《摘尖》《采棉》，基本上包括了选种在内的从播种、田间管理到采摘收棉花的过程和好的经验。6 至 11 幅选名为：《拣晒》《收贩》《轧核》《弹花》《拘节》（即搓条、南方曰擦条）、《纺线》，内容是棉花的收藏、买卖、加工成棉线（纱）的程序和主要经验。12 至 16 幅的选名为：《挽经》《布浆》《上机》《织布》（附榨油）、《练染》，内容包括上浆、织成棉布直至制成不同颜色的布料的操作流程。他把棉花从种到收的全部生产过程，从轧花到练染的全部加工过程，每一个环节何时进行，如何进行，都图解得细致入微，说得明明白白。

　　值得提出的是《棉花图》中的《收贩》一图，真实地反映了当时棉花市场的繁荣景象。该图展现的是收获季节，棉农们车拉手推，纷纷把自家种的棉花送到棉花交易处，棉商在架秤收购。仓库中已收购来的棉花打包叠放，高如小山。仓库前的院里，有人扛着棉包鱼贯而入，还有人手端平筐，筐上码放棉朵。据当时文献"新花称朵，一朵重八厘以上者花贵，不及八厘者花贱，乡人随其大小验之"的记载，平筐上的棉朵，当为检验棉花质量的抽样。《收贩》题记载："每当新花入市，远商翕集，肩摩踵错，居积者列肆以敛之，懋迁者掌车以赴之，村落趁虚之人莫不负挈纷如。棉有定价，不视丰歉为增减，惟于斤衡论轻重。凡物十六两为一斤，棉则以二十两为斤，丰收加重至二十四两，仍二十两之直（值）也。转鬻之小贩，则斤维十六两而取赢焉。"这就叙述了当时棉花买卖价格的一些情况：在秋季，新棉上市时，棉商从棉农手中收购当年的新花，虽然棉花的单价一般不变，但一斤棉花的实际重量却看年景而定，一般年景以二十两为一斤，丰收年景加至二十四两为一斤，收购时棉花越是丰收，收购价就越低。当棉商转卖棉花时，一斤棉花的数量又按社会通行的十六两计算，抬高出售价，降低收购价，实现了不等价交换，取得利润。这些现象说明，乾隆盛世，原料作物种植面积扩大，商品生产不断发展，商业活动和市场经济更加活跃，市场更加繁荣。

方观承绘著的《棉花图》，翔实记录并系统总结了我国18世纪中期以前棉花栽培和加工利用的经验，"是迄今已知国内外最早而较完备的棉作学和棉织学图谱"。

方观承健于为文，追求雅洁，注重义礼，颇有唐宋遗风。著有《棉花图》《述本堂集》《两浙海塘通志》《宜田汇稿》《瓯钵罗室书画过目考》等，与秦味经同撰《五礼通考》。他"好吟咏，工书，善骑射"，他创作的诗，来源于生活，"愍念民瘼"，能体现"兴观群怨"之旨，关乎"家国""世道"之治理，个人"性情"之陶冶，堪称"雅正"。他的书法作品，亦称绝一时。他的书法作品，以楷入行，神隽味永，厚重劲健，精气内含，包世臣在《艺舟双辑》中将其行书列为"佳品"。

刘大櫆传略

　　刘大櫆（1698—1779），字才甫，一字耕南，号海峰，又因通晓医术，自称医林丈人。祖籍枞阳县汤沟镇陈家洲祠堂庄，出生于枞阳县横埠镇周家岗刘家周庄。刘大櫆自幼勤奋苦读，泛览经史诸子百家诗文。康熙五十年（1711 年），从吴直受业，得益颇多。康熙五十七年（1718 年）中秀才后，开始在家乡设馆授徒。雍正三年（1725 年），来到京师，拜方苞为师。雍正四年（1726 年），应乡试落第。雍正七年（1729 年）、雍正十年（1732 年）两次应顺天乡试，皆"登副榜，竟不获举"。刘大櫆客游京师时，"巨公贵人皆惊骇其文，而尤见赏于方侍郎及吴荆山阁学，以为昌黎复出"。方苞常常欣喜地对诸学人夸奖道："如方某，何足算耶？邑子刘生，乃国士尔！"为此，"朝士望尘请交，出督学率请任教阅"。乾隆元年（1736 年），方苞荐刘大櫆应博学鸿词科，张廷玉黜落之。乾隆五年（1740 年），刘大櫆回到家乡，设塾授徒。乾隆十三年（1748 年），姚鼐投入刘大櫆门下，专心治古文辞。乾隆十五年（1750 年），朝廷诏举"经学"，张廷玉独荐刘大櫆，又不录。乾隆二十六年（1761 年），年逾六旬的刘大櫆被选任为黟县教谕。4 年后，刘大櫆离开黟县回到家乡，在枞阳镇"四望亭"聚徒讲学，从学者甚众。乾隆四十四年（1779 年），刘大櫆因病溘然长逝，"葬于白云岩梅子岭先茔之侧"的"刘家笤箕地"。（今属枞阳县金社乡向荣村）

刘大櫆一生讲学不辍，弟子广众，以姚鼐、王灼、吴定、程晋芳、程瑶田、钱鲁斯、朱孝纯、吴绍泽等最著名望。在王灼、钱鲁斯的倡导下，阳湖恽敬、武进张惠言开始崇尚方苞、刘大櫆文法，转而从事古文写作与研究，以至传人日众，创立了"阳湖派"。观"阳湖派"作家所写古文，重文采，喜恣肆，多纵横气，明显受到刘大櫆的影响。刘大櫆是架通桐城派与阳湖派之间的一道重要桥梁。

刘大櫆一生，勤奋创作，诗文并治，留下了大量的著作，著有《海峰先生文集》10 卷、《海峰先生诗集》6 卷、《论文偶记》1 卷、《歙县志》20 卷、《黄山志》2 卷，编选《古文约选》48 卷、《历代诗约选》93 卷、《七律正宗》4 卷、《唐宋八大家古文评》《归震川文集选本》《删录荀子》，评点《古诗源》《唐人万首绝句选》《钱笺杜诗》等。他在著作中所阐述的"天道观""宇宙生成观""变化发展观""理欲观""伦理观"等哲学思想和政治观点，在一定程度上受到了唯物主义思想的影响，具有积极、进步的一面。

刘大櫆喜饮酒，好吟诗，其诗作宗杜甫，而取苏轼、黄庭坚之处尤多。他认为："诗贵独立，不贵附和，当深求本领，而后博以古人之风轨气韵，融液而神明。"主张诗文有别，诗可用"成语""陈言"，古文则不可。诗可用来宣泄、抒发个人的愤懑、悲愁不平之气，"穷人情物类之微"，"极写夫日月风云之状，使人读之，可以歌，可以泣，不知手足之舞蹈也"，不一定像古文那样必须代圣立言。所以，他写的诗，随意洒脱，豪迈奔放，直抒胸臆，才调独出，别开生面，在清代有很大的诗名。他的"文与诗并极其力，能包括古人之异体，熔以成其体，雄豪奥秘，麾斥出之，岂非其才之绝出今古者哉"；"自刘海峰先生晚居枞阳，以诗教后进，桐城为诗者大率称海峰弟子"；桐城诗坛迨至刘大櫆、姚鼐相继而起，诗名益振，"论诗之家皆谓桐城诗派至刘、姚形成，盖就其影响之及于天下者言之"。

刘大櫆主张作文应"义法不诡于前人"，认为"古人文章可告人者唯法耳，然不得其神而徒守其法，则死法耳"。在这种思想的指导下，刘大櫆"能变化以自成一体"，进一步发展、阐释了"义法"理论，且为"义理、考据、文章"三者统一的文论主张的创立打下了坚实的基础。最为人称道的是，他开始注重从神气、文采方面加强散文的艺术力量，更加重视散文艺术的独立性和特殊性，并从注意艺术规律的角度，提出了著名的"神气音节"说。他所说的"神"即精神，也就是作家的性格特征、思想修养、心胸气质在文章中的自然流露；"气"则指符合于作家的个性气质且洋溢于文章的字里行间的气势。神是气的本体，气是神的表现形式，"神为主，气为辅""神者气之主，气者神之用""气随神转"，神气相依，构成文章的灵魂。在他看来，注重"音节"，是把握住文章神气的第一个关键，神气要从音节中去体现，而音节又是以字句为准则的，由推敲字句而使音节流畅，由音节流畅而使神气显现。神气为文法的最高妙处，音节是作家创作落实神气的关键，神气音节统一，就形成散文的艺术境界以及各种不同的风格特征。刘大櫆"神气音节"之说，强调了作家的性格特征和精神修养在创作中的决定性地位，阐明了作品的不同风貌都是作家个性的表现，具有可贵的独创性，蕴藏着颇有价值的美学意蕴。

刘大櫆一方面主张"我之神气即古人之神气"，另一方面则强调"原本古人意义，则行文时却重加铸造"。从这点出发，刘大櫆一反他之前辈古文家视骈文为文坛魑魅的观点，而主张吸取其所长，实行骈散统一，并由此而造成法之变活和文之参差，进而追求"一欲巧，一欲拙；

一欲利，一欲钝；一欲柔，一欲硬；一欲肥，一欲瘦；一欲浓，一欲淡；一欲艳，一欲朴；一欲松，一欲坚；一欲轻，一欲重；一欲秀令，一欲苍莽；一欲偶丽，一欲参差"的这种相同相反、对立统一、不断变化、丰富多彩的文势和意境。他所提出的"文贵奇""文贵高""文贵大""文贵远""文贵简""文贵疏""文贵变""文贵瘦""文贵华""文贵参差""文贵去陈言""文贵品藻""文贵道理博大"等主张，都是很有见地和很有新意的。这种对文章风格的重视与辨析，表明刘大櫆已突破了方苞单纯以"义法"论文而仅提倡"雅洁"文风的倾向，摆脱了以文学为经学和道学附庸的束缚，肯定了文章自身的审美价值。

刘大櫆为文，"以品藻音节为宗"。阮元在《国史文苑传》中称："大櫆并古人神气音节得之，兼及庄、骚、左、史、韩、柳、欧、苏之长。其气肆，其才雄，其波澜壮阔。"刘大櫆在自己创作实践的基础上，反复摸索，不断扬弃，既忠诚于自己的家法，又善于总结教训，接受批评，在古文领域里孜孜追求更高的境界。他创作的散文，以神为主，构思巧妙，注重字句、音节之妙，才雄气肆，藻采丰美，文采照耀，挥洒自如，情韵盎然，曲折有致，诗味四溢，别出新境，充分体现了他行文时"鼓气以势壮为美"的风格和"洋洋乎才力之纵恣，无所不极"的特点。同时，他将诗的含蓄、深远、疏旷、情韵之类的意境及其音乐美等艺术特性引进了散文，又将小说、戏剧等描写人物的艺术方法也运用于散文，求"变化以自成一体"，风格特殊，令人耳目一新。

"我（清）朝自望溪方氏别裁诸伪体，一传为刘海峰，再传为姚惜抱"。刘大櫆为方苞弟子，又是姚鼐老师，"其说盛行一时，乃门暨近日乡里后进私淑者数十辈，往往守其微言绪论以道学，肖其波澜意度以为文及诗者，不可胜纪"。刘大櫆是继方苞之后，承传、发展桐城派文论，壮大桐城派作家队伍以及推动桐城派的影响和传播的中心人物。

姚鼐传略

  姚鼐（1731—1815），字姬传、梦谷，斋名得五楼、惜抱轩，世称惜抱先生。枞阳县钱桥镇邹姚村人。姚鼐8岁就读家塾，师承方泽，后随伯父姚范钻研经学；18岁起，从刘大櫆专心学习古文。乾隆十五年（1750年），得中江南乡试举人。乾隆二十八年（1763年），中进士2甲第35名，被选为庶吉士，入翰林院庶常馆学习。3年后散馆，姚鼐任兵部主事，次年，改授礼部仪制司主事。先后充乾隆三十三年（1768年）山东乡试考官、乾隆三十五年（1770年）湖南乡试副考官、乾隆三十六年（1771年）会试同考官，旋擢任为刑部广东司郎中。乾隆三十八年（1773年），清廷开《四库全书》馆，经刘统勋、朱筠等人推荐，姚鼐由刑部入馆充纂修校办。乾隆三十九年（1774年）夏秋之交，姚鼐"称疾请辞"，获得皇帝"恩准"。

  乾隆四十一年（1776年），姚鼐应两淮盐运史朱子颖之邀，出任扬州梅花书院山长。乾隆四十三年（1778年），乾隆皇帝欲任姚鼐为御史，业已记名，被姚鼐"以母老谢"。乾隆四十四年（1779年）后，先后主讲安庆敬敷、歙县紫阳、江宁钟山等书院。嘉庆十五年（1810年），重赴江南乡试鹿鸣宴，钦加四品顶带。嘉庆二十年（1815年），卒于江宁钟山书院。安葬于枞阳县义津镇朱公村小伍庄铁门口。

姚鼐穷毕生精力，勤勤恳恳，孜孜不倦，独以治文、著述为事，传世著作主要有《惜抱轩文集》16卷、《惜抱轩文后集》12卷、《诗集》10卷、《法帖题跋》1卷、《老子章义》1卷、《庄子章义》10卷、《九经说》19卷、《三传补注》3卷，并选有《古文辞类纂》75卷、《五七言今体诗钞》18卷等。成书于乾隆四十四年（1779年）的《古文辞类纂》，是姚鼐根据自己的文学观点和标准精心编撰的一部著名的古文辞选巨著。全书选录作品722篇，规模宏大，内容形式俱精，评说校勘皆准，文辞兼备，博而不芜，不拘一偏之蔽，兼取众家之长，文史哲皆容，各种文体俱备，名篇佳作荟萃，既可以"分撮其英华"，又可以"合论其同异"，"分类必溯其源，而不为杜撰；选辞务择其雅，而不为钩棘；荟斯文于简编，示来者以途辙"，"堪称古典文学第一善本"。

马其昶曰："泾县包世臣善评书，推邓山人、刘文清及先生（姚鼐）为国朝第一，故先生非独诗文美也，其翰墨亦绝为世重。"

姚鼐在《快雨堂记》中指出，学习书法既要有"成翼而飞，无所于劝"的天赋，也要有"遗得丧，忘寒暑，穷昼夜为书"的功夫，才能"俟其时而后化"。他的《论书六绝句》是书法理论史上的名篇，至今仍为书界所传诵。在《论书六绝句》中，他主张"论书莫取形模似"，书法作品不应追求形似，应充满神韵，力争做到"古今习气除积尽"，"笔端神功应天随"，姚鼐在书法理论上的独到见解，当成为后辈书家学习和借鉴的标榜。

姚鼐的书法风格，前期以手札为主，多是小行草，结构茂密，用笔方整，行笔流畅刚劲但少有连笔。到了中期，姚鼐文名渐显，开始注重书法，并倾注很多的心力。此时期以楹联、尺牍较多，书体以行楷见长，用李北海笔意，参以赵、董之法，结体宽博，圆转丰韵，绵里藏针，书风朴素温和，儒雅十足。姚鼐晚年专心致力于书法研究，书名日盛，尤其在大草方面有极深的造诣。杨仁恺主编的《中国书画》称："（姚鼐）晚年书法臻妙，师王献之，格调疏逸，秀拙处近董其昌。"他以学问文章之气体味笔法、线条、结构之妙，信手书写，挥洒自如，笔法舒展有致，书风清疏枯淡，逸气悠扬。此时期，姚鼐的书法走向成熟，个性特征显露，形成自家面目，具有大家之风。泾县包世臣曾题姚鼐跋法帖云："姚老之书充悦如是，而洞达之神奕奕可当奇观，此帖可得，此跋不可得。"又题曰："次日临姚老之书一过，乃知此老书深于北魏，略参河南少师之法。宋元恶习，无所沾染，直当与玄宰抗颜，非但方行今日已也，为之叹绝。"

程秉钊说："惜抱诗精深博大，足为正宗。"姚鼐反对性灵派的轻儇佻巧的俗态，明朗地提出了"熔铸唐宋"的论诗宗旨，主张学习以黄山谷为代表的那种清深而出人意表的精神和清真雄浑的诗美，极力提倡唐宋诗歌中所体现出来的那种忧国忧民的反映时世的优良传统，强调诗人应重视学古，深入生活，"勤思国事，愍念民瘼"，只有这样，才能写出"自出胸臆"、表现"真性情"的好作品。

在诗的创作上，姚鼐吸取山谷诗的清深而不落凡近的精神，追求诗歌的独创性。在学奇拗硬健的山谷诗的同时，还师法于"绮密瑰妍"的李商隐，并兼取李白、苏东坡的"洒脱自在""自然高妙"来调适，非常注意用自然天趣来调剂人工，进行艺术创造，具有多层次的境界和情思。诗的意象组合，宏阔浑然；诗的意象质地，明朗超脱、真切雅洁；诗的语言，鲜明纯净，贴切感人，易以调动欣赏者的再造想象。而就语言的感情色彩而言，姚鼐往往好用那些高旷淡雅的、超凡拔俗的能体现出君子风节、情趣的词汇；而就语言的视觉色彩来说，则往往喜用清冷、淡雅的色调。他的诗歌，构思细密，意涵丰富，沉雄横逸，力能扛鼎，具有一种清真而又雄浑的诗美。姚莹诵其诗赞道："（姚鼐）诗以五古为最，高处直是盛唐诸公三昧，非肤袭貌取者可比。七古用唐高调者，时有王、李之响；学宋人处时入妙境，尤不易得。七律工力甚深，兼盛唐、苏公之胜。七绝神俊高远，直是天人说法，无一凡近语矣。"曾国藩将他的诗推崇为"国朝第一家"。

　　在文论方面，姚鼐公开表明自己崇尚宋学的态度，对汉学家一味排斥宋学进行了有力的抨击，同时又对汉学家研究古代典籍的科学态度和求是精神予以了肯定。他认为，要用宋儒的"义理"做古文的统帅，汉学应当为宋学服务，充分运用方苞的"义法"，对汉学的考据琐屑、玄言繁杂、藻丽排巧之痼疾进行治理，净化文坛风气。但汉学所提倡的"繁证博引"，虽然使文章佶屈聱牙、堆砌成弊，但"考证"的确有补于宋儒的空谈性理，正所谓"以考证助文章之境，正在佳处"。姚鼐论文不尚偏锋，不以偏概全，主张"兼长为贵"，对汉、宋两派的文论采取了调和及兼收并蓄的方法。

　　在《述庵文钞序》中，姚鼐对自己的主张进行了阐述："鼐尝论学问之事有三端焉，曰：义理也，考证也，文章也。是三者，苟善用之，则皆是以相济；苟不善用之，则或至于相害。今夫博学强识而善言德行者，固文之贵也；寡闻而浅识者，固文之陋也。然而世有言义理之过者，其辞芜杂俚近，如语录而不文；为考证之过者，至繁琐缴绕，而不可了当。以为文之至美，而反以为病者，何哉？其故由于自喜之太过，而智昧于所当择也。夫天之生才，虽美不能无偏，所以能兼长者为贵。"明确指出："鼐尝谓天下学问之事，有义理、文章、考证三者之分，异趋而同为不可废。"他兼取众家之长，不拘一偏之蔽，将方苞的"义法"说同汉学家的"考据学"熔于一炉，提出了"义理、考据、辞章"三者合一的著名理论。强调为文"必义理为质，而后文辞有所附，考据有所归，一偏之内惟此尤兢兢"，追求三者统一，不应偏废或割裂，把三者融会贯通作为衡量古文的标准。

在散文的艺术特征方面，姚鼐融合了方苞的"义法"说和刘大櫆的"神、气"说，进一步提出了作文应当以"神、理、气、味、格、律、声、色"为准则的著名观点。即以"义法"为依据，以情感为核心，具体把文学特性分为两大层次，一是"神、理、气、味"，指的是文章的内在实质；二是"格、律、声、色"，指的是文章外在表现形式。前四者近乎虚，既是内在的要素，又是有形的外在规则；后四者近乎实，是外在的要素，又是无形的精神境界，但最终还要从有"法"走向无"法"，自由地运用，自由地发挥，达到通造化之自然的为文至境。姚鼐的散文八字诀，对散文的艺术要素进行了高度概括，并突出强调了作家感情因素对于作品的重要性。

姚鼐认为："天地之道，阴阳刚柔而已。文者，天地之精英，而阴阳刚柔之发也。"他从理论上把不同的文章风格概括为阳刚和阴柔两大类，并从美学意义上去阐述两大类文章的风格特点："其得于阳与刚之美者，则其文如霆，如电，如长风之出谷，如崇山峻崖，如决大川，如奔骐骥；其光也，如杲日，如火，如金镠铁；其如人也，如凭高视远，如君而朝万众，如鼓万勇士而战之。其得于阴与柔之美者，则其文如升初日，如清风，如云，如霞，如烟，如幽林曲涧，如沦，如漾，如珠玉之辉，如鸿鹄之鸣而入寥廓；其于人也，漻乎其如叹，邈乎其如有思，暖乎其如喜，愀乎其如悲。观其文，讽其音，则为文者之性情形状，举以殊焉。"他抓住散文的特质，从美学的角度，从散文的创作和鉴赏的角度，用生动形象的语言淋漓尽致地描绘了两类文学风格的鲜明特征。更为可贵的是，他还首先以辩证法的方法，对阳刚美和阴柔美的对立统一关系做了详尽具体的精辟论述。主张阳刚、阴柔不可"一有一绝无"，否则其结果就只能是"刚不足为刚，柔不足为柔"，而且会出现"刚者至于愤强而拂戾，柔者至于颓废而阉幽"的现象，那就"不可言文"了。因此，作家为文应做到"阴阳刚柔并行而不容偏废"，主刚而含柔，主柔而含刚，相反相成，刚柔相济，"得乎阳刚阴柔之精"，方能使文章达到美的极致，才能使作品具有独特的境界美和强烈的感人力量。姚鼐提出的富有创见性的"阴阳刚柔说"，是超越前人的重要理论建树，填补了古代散文风格美学的空白。

姚鼐终生致力于古文创作，取得了丰厚的创作实绩。他的写意小品，洗练简净，韵味盎然；山水游记，清逸古朴，明润澄澈；说理之文，形象生动，可读性强；传记文章，繁简有度，耐人寻味。无论是那类题材的作品，均以古文诗化、艺术化的标准来衡量，内容充实，语言雅洁，条理明晰，风格丰韵，尤其在篇章结构上，起、承、转、合，宛转自如，给人一种迂徐深婉、一唱三叹、意味无穷的审美享受。

姚鼐"才学俱佳而理文兼备"，在古文这片广阔的天地里，奋身以求，勤于著述，不断创新，终于"独辟一家之境"。他的文论，内涵丰富，体系完整，论证周密，多辟新蹊，具有集大成的特色和空前的总结性。他的散文作品，"醇正严谨"、气韵横生、创新求变、个性特征明显，为清代散文树立了典范。他在历时40年的教学生涯里，以谆谆诲迪后学为务，"士子以得及门为幸"，桃李满天下，门徒多才俊，涌现了崇尚方苞、刘大櫆、姚鼐等桐城文人文章的庞大的、强有力的作家群体。于是天下"学者多归向桐城"，"桐城家法，至此乃立，流风余韵，南及湘桂，北被燕赵"，出现了"人不必桐城，文章则不能外于桐城"的盛况，形成了"桐城之言，乃天下之至言"的深广格局，才有了歙县程晋芳、历城周永年所言"天下文章，其在桐城乎"的赞赏。由此"桐城派"之名在清乾隆年间正式出现并大彰于世，迅速发展成为一个声势显赫的文学流派。姚鼐将桐城派推向了一个高峰，被尊称为"桐城派立派之鼻祖"和"三祖中之集大成者"。

姚莹传略

　　姚莹（1785—1853），字石甫，号明叔，又号展和，晚年还以其书斋"十幸斋"为号，自称幸翁。枞阳县钱桥镇邹姚村姚家湾人。姚莹6岁从师读书；21岁，童子试第一；22岁，应江南乡试，得中第18名举人；23岁，入京城参加会试，中式取得第32名，接着参加殿试，获3甲第10名。授福建平和知县，历任龙溪县令，台湾县令兼海防同知，噶玛兰通判，江苏金坛、元和、武进、高邮知州，两淮盐掣同知、盐运使等职。清道光十八年（1838年）至道光二十三年（1843年），姚莹再次到台湾任职，任台湾道员加按察使衔，成为清道光时期的海疆要员。

　　1840年6月，鸦片战争爆发。7月16日，英国一艘双桅船侵入台湾鹿耳门外洋面。姚莹立即派水师赶赴鹿门外加强防守，在命令北路厅县军民进行防堵的同时，又令江奕喜埋伏兵相机打击来敌，发炮轰击入侵英船，英军狼狈逃窜。1941年7月，英国3艘三桅船再次侵犯台湾，又被岛上军民击退。9月30日，英舰纽布达号驶入基隆港，重炮轰击我二沙湾炮台及兵房。岛上守军毫不示弱，以更大的火力狠狠还击，英国兵舰受重创，慌逃中触礁沉没。台湾军民在姚莹的指挥下，驾驶小舟，乘胜追击，当场打死英兵 30 余名，俘获 133 名。10 月 19 日，英舰卷土重来，在重炮的护卫下采用集团冲锋的方式，强行登上基隆，闯入港内向我守军阵地猛扑，姚莹一声令下，开炮还击，将登陆的英兵统统歼灭。1842 年 3 月 11 日，阿安号英舰载重兵疯狂猛攻台湾大安港。英军来势汹汹，锐不可当，硬拼难以取胜，姚莹和达洪阿二人经过认真的磋商，决定采取诱英舰搁浅、设计歼擒的策略。于是招募一渔民扮成奸细，佯称投靠英军。渔民经过伪装到达英舰时，英军大喜，命其做向导带路。当渔民将英国兵舰引入暗礁林立的土地公港时，英舰"搁浅中流，（姚莹按计划率军展开强大攻势），大破英兵，落水死者无数，其窜入渔舟者击斩殆尽"。共歼灭来敌近百名，俘获 49 名，缴获大炮 13 门。这次大捷，"挫败英夷，英夷惮之，不敢近。故连年浙粤江南皆丧地失守，而台湾独完"。姚莹在台湾的杰出表现，震撼了全国，清道光皇帝"诏嘉奖，加二品衔，予云骑尉世职"。

中英《南京条约》签订后，英国侵略者诬告姚莹"冒功贪赏"，清廷以"冒功欺罔"之罪名将姚莹革职。道光二十四年（1844 年），姚莹以同知直隶州知州贬至四川补用。行前，他曾说："夫君子之心，当为国家宣力分忧，保疆土安黎庶，不在一身之荣辱也。"表明了自己的爱国心迹。不久，奉命入西藏处理当地呼图克图之间的争权争端，归补四川蓬州。1848 年，引疾归里。1851 年，姚莹再被起用，任广西按察使，参加了围攻太平军的永安之役，失败后，随军至湖南，任湖南按察使。1853 年，病殁军中。

姚莹的作品相当丰富，有《中复堂全集》13 种 98 卷。姚莹"少学于其从祖姬传先生，与其乡方植之、刘太学孟涂友善"，与梅曾亮、管同、方东树并称为姚鼐的四大弟子。方东树说："其学体用兼备，不为空谈。其文一自抒所得，不苟其形貌之似。其齿少于余，而其才识与学之胜余，相去之远，中间恒若可容数十百人者。""虽亲灸惜抱，而亦能自出机杼，洞达世务，长于经济之学。"姚莹继承、发展了姚鼐提出的义理、考据、文章三者不可偏废的文论主张，加入了"经济"要素，表明了立身行事对文章的作用。他竭力"倡明道义，维持雅正"，强调文章贵在"神气"，注意格、律、声、色，主张"文贵沉郁顿挫"，提倡将沉郁顿挫与清雅秀洁有机地结合起来，形成一种绮巧而宏蔚的美学境界。他所作的散文，刚健雄直，长于议论，指陈时事，慷慨深切，爱国赤诚之意，充溢于字里行间。《寸阴丛录》《东溟文集》等著作，均站在历史的高度，以维护国家利益和民族尊严为重，有感而发，内容涉及诸多方面，博而不杂，中心突出，笃实有力，文采斐然，足称"载道"之文。文中所表达的政治见解，皆有独到之处，表现出"义有所不安，命有所当受"的社会使命感和责任感以及献身国家、民族的可贵品质。

姚莹论诗，认为诗的源泉是客观自然与社会生活，诗人必须永远把诗的根须深深扎入生活实践的土壤中，诗才能开花结果。他反对一味摹拟古人旨趣，强调诗歌创作并不在"声音文字之工"，只有心中有所蓄且不得不发时，才能写出好诗，才能"观其诗，可得其人；其人虽亡，其名以立"。他的《后湘诗集》中有《论诗绝句》60首，系统地论述了曹丕到王士祯等我国诗歌史上重要人物的诗作思潮，即用诗的体裁写了一部中国诗歌的批评史。文中的一些思想，在针砭时弊、倡导正确诗风上具有十分重要的作用。

姚莹一生，勤于观察，善于思考，潜心著文，作品相当丰富，有《中复堂全集》13种98卷，有《东槎纪略》《识小录》《康輶纪行》等地理学方面的论著30多卷。《康輶纪行》是一部蔚为大观的世界地理历史知识的巨著，它和林则徐的《四洲志》、魏源的《海国图志》，共同代表着当时中国人认识世界的水平。

他在《康輶纪行》中指出，外国人"习天文算法者甚众"，而"吾儒读书自负，问以中国记载，或且茫然，至于天文算数，几成绝学，对彼夷人能无泚然愧乎"！他已清醒地意识到了欧洲在社会发展方面已经有了较大的进步，其科学技术的成就比之当时的中国要领先得多。他认为鸦片战争失败的一个重要原因，是"对海外事势夷情，来日置之不讲"，战后也并未从中吸取教训，仍然是"海疆之事，转喉触讳，绝口不提"，故"一旦海舶猝来，惊若鬼神，畏如雷霆"，不知如何是好，以致屈膝投降，丧权辱国。他曾忧心忡忡地说："中国的地利、人事，彼（指外来侵略者）日夕探习者已数十年，无不知之。而吾中国曾无一人留心海外事者，不待兵革之交，胜负之数已较然矣。"要改变这种状况，他大声疾呼要大量翻译"西人之书"，把"海外诸洋"有名大国的详细情况，"著之于书，正告天下，欲吾中国童叟皆习见习闻，知彼虚实，然后徐图制夷之策"。姚莹"视天下国家事皆如己事"，关心时局，思想先进，主张睁眼看世界，主张通过各种渠道学习并通晓西方先进的科学技术，为我所用，济我所困，增强自己的力量；广泛地搜集国外的信息情报，全面而及时地了解和掌握外国的基本情况，做到知彼知己，才能百战不殆，有效地抵御外患。为此，在《康輶纪行》中，姚莹把多年积累的西方诸国资料，进行了认真整理，汇编成册，以较大的篇幅广泛地介绍了西方诸国特别是英、法两国的各方面的情况以及英俄关系、英印关系等；叙述了西藏近邻印度、尼泊尔、锡金的地理风物和佛教、回教、天主教的源流及影响。在该书的末尾，姚莹把明清以来，前人研究各国所绘制的各种世界地图、边疆地图综合在一起，汇编成卷，并一一撰写图说加以评介。他还以这些地图作依据，参考魏源的《海国图志》，在书后亲手绘制了《今订中外四海舆总图》，对于图上"国名、地名互有同异，或者有彼无”之处“以今时地名参互考订之”，其目的不仅在于使“四海万国，具在目中，足破数千年茫昧”，而且可使“异地经略中外者，庶有裁焉”。

在《康𬨎纪行》一书中，他独具眼光地提出了西藏问题。用大量事实证明前后藏并非“天竺”（古西域国名），西藏自古以来就是中国的领土。接着探讨了英国殖民者在我国西藏边境进行军事活动的历史沿革，一针见血地揭露了英国侵略者蓄谋窥伺西藏、威胁我国西部边疆的野心。在西藏时，他还了解到英国把印度、尼泊尔强占作为自己的殖民地以后，又继续将军事势力向北推进，在我国与尼泊尔交界处的山冈上修建军事设施，建立军事基地。面对触目惊心的事实，姚莹远见卓识地明确指出，英国殖民者的所作所为是为“长驱入藏”，霸占西藏，自“藏而入蜀下长江”服务的。如此一来，英国殖民者的入侵使中国处于东、南、西三面夹击的严重局面。他出于对祖国的热爱，最先呼吁人们重视西藏问题，及时提醒人们警惕英国殖民者觊觎西藏的险恶用心。

李仕福传略

　　李仕福（？—1861），有些史书上称"李四福"，生年不详。出生于枞阳县枞阳镇上码头银洲街的一个贫苦码头帮工家庭。

　　李仕福少年时期，就与家人一起，靠肩挑背扛、装卸码头货物为生。长期、繁重的体力劳动，虽然十分劳累，但他却练就出了超过常人的身体素质，磨炼出了强悍好斗、敢作敢为的性格和坚强的意志。长大后身材高大，力大无比，为人耿直豪爽，富有反抗精神，邻里称之为"花脸虎"。

　　1853年3月，太平天国定都天京（南京）。9月，石达开率太平军6000多人，进驻安庆。10月，石达开命胡以晃等将领，率太平军向安庆周围各县进军，1854年3月30日，攻下宿松。至此，安庆周围地区各县均为太平军所占据。

　　1855年3月，李仕福投奔胡以晃率领的太平军，10月，太平军胡以晃部自安庆西上，进援武昌，李仕福被编入太平军陈玉成的队伍。不久，任命他做了两司马，当上了管5个伍长，即共管25人的太平军基层军官。随后，跟随陈玉成在湖北、安徽、江苏等地参加无数大小战斗，冲锋陷阵，作战勇敢，深得陈玉成的赏识，很快就提升为师帅，管5个旅帅，即统带马步兵2630人。

1856年9月，太平天国内部发生了天京事变。11月间，太平军在安徽战场连吃败仗，合肥、舒城、无为、和州、巢县等相继被清军占据。1856年12月，清军提督秦定三、参将萧开甲、游击江忠信等率兵万余人，猛攻太平军李秀成部孤守的桐城重镇，太平天国出现了"桐城受围，安庆震动，兵心动摇"的危难局面。1857年1月初，太平天国陈玉成接到李秀成的求援信，即率领李仕福等太平军将士自宁国赴援，渡江至枞阳镇与李秀成相会，在望龙禅院召开会议，详商解救桐城之策，史称"第一次枞阳会议"。会后，陈玉成、李仕福等太平军将士，从枞阳挥师东下，连克无为、庐江、巢县等地，然后包抄桐城北乡大关、界河、新店一带。2月24日，与坚守城内的李秀成部密切配合，内外夹攻，终于打败了围攻桐城的清军，取得了桐城大捷。

天京事变这场血雨腥风的内部纷争，造成了严重后果，影响着整个战局。在清军的猛烈进攻下，仅在一年多的时间里，太平军占领的许多城镇相继陷落，清江北大营、江南大营相继重建，天京已处在清军的包围之中。

为解天京之围，扭转危局，1858年8月，依约而来的各路"天朝将官"再次聚集望龙禅院，召开了具有重大历史意义的军事会议，史称"第二次枞阳会议"。陈玉成、李秀成、张朝爵、李世贤、黄文金、刘官芳、胡汝孝、李仕福等百余名太平军将领出席了这次会议。会议作出了"各誓一心，定约会战"的重大战略决策，决定采取联合作战方针，同心协力解除清军对天京的包围。会后，在陈玉成的统率下，李仕福与太平军将士一起，由潜山过舒城，一举攻克合肥。9月中旬，在滁州东南乌衣镇一举歼灭清德兴阿、胜保部四千余人；9月底，攻破清江北大营，完成了第二次枞阳会议制定的第一步战略任务。接着又乘胜挥师向东，相继攻下了江浦、天长、六合、扬州等城镇，解除了天京北面的威胁。

就在太平军全力以赴进击清军江北大营之际，湘军乘机对安徽境内的太平军发动了大规模的反扑。湘军主力李续宾部，连陷黄梅、宿松、潜山、桐城、舒城等地之后，兵分三路，猛扑三河，太平军守将吴定规请求增援。陈玉成、李仕福奉命从江苏六合回师，抵达庐江，于11月7日在三河镇西南的白石山金牛岭一线扎营。

11月14日，太平军与清兵在三河镇展开大战。陈玉成命令李仕福先率领由皖籍人员组成的敢死队战士200余人，深夜突入湘军李续宾后大营，击毙、斩杀湘军兵勇100多人，纵火焚烧湘军粮草1万余石，损德国制造的普鲁士过山炮40余门。遭此袭击，湘军被打得晕头转向，以为天降神兵，打乱了湘军的作战布置，整个军营乱成一团。陈玉成、李秀成、吴定规三路大军，趁湘军混乱之际，全线乘势出击，摧毁湘军全部营垒，歼灭湘军近6000人，李续宾自杀，太平军取得了"三河大捷"。这是第二次枞阳会议后太平军取得的最重大的胜利。从此，天京转危为安，太平天国逐步恢复元气，出现了天京事变以来最好的形势。

在三河战役中，李仕福先期插入清营，拼死作战，威震敌胆，为三河战役的胜利立下了汗马功劳。战后，陈玉成设宴召见他，擢升为常胜先锋军前军主将，成为军队中指挥作战的军官。不久，晋升为"天将"，爵位为"傅天安"，李仕福进入了太平天国高级将领之列。

1859年11月，清军水陆齐进，开始围攻安庆。面对强敌，陈玉成、李仕福率部坚守阵地，英勇奋战，在潜山王家牌、地灵港，太湖小池驿、新仓一带与清军展开了空前激烈的战斗。1860年2月，清军占领潜山、太湖等地，"安庆之接济仅恃枞阳一线"。1860 年 6 月 5 日，清将杨载福、彭玉麟督韦志俊部兵分水陆两路，猛攻安庆下游的重要门户枞阳。太平军守将李仕福、万宗胜坚守枞阳营垒达半个月之久。6 月20 日，清军猛然发动凌厉的攻势，攻破太平军枞阳营垒，守将万宗胜被俘牺牲，李仕福带领太平军将士，冲出重围，退兵安庆。

枞阳陷落，安庆城中的太平军陷入了长期的围困之中。李仕福指挥守城的太平军将士，固守安庆外围各要冲，清军一近营垒，便率军奋起还击。一年多的时间里，几乎日日夜夜都在血战。1861 年 6 月 8 日，清将鲍超、成大吉率精兵 1 万余人，猛攻安庆城外要冲"集贤关以北赤岗岭的太平军四垒"。刘玱林、李仕福率领着太平军战士 4000 多人，在"营中又无火药炮子，粮米亦无"的情况下，与清军苦战七天七夜，打死了清副将苏文彪、都司何宗耀、守备刘万荣等 20 多名将领，歼灭清军 3000 余人。鲍超多次督军强攻，却无法接近任何一垒，不禁惊道："此处贼之悍勇，超过各处！"

经过 20 多天的反复鏖战，太平军营垒渐渐被清军大炮轰塌，垒内太平军孤立无援，弹尽粮绝。太平军将领李仕福挣扎挺起，冲入清营，太平军战士在他的拼死精神感染、激励下，临危不惧，誓死血战，用长矛、大刀和石块与清军格斗，李仕福和 3000 多名太平军将士牺牲。

张逸民传略

　　张逸民（1816—1861），有些文献资料中称"张以明"，字安邦，号晓驷。枞阳县会宫镇会宫村张家新屋人。张逸民出身寒微，贫而好学，考取秀才后，曾先后三次参加省试，都不第而归。成家后，精研医术，开设诊所，为穷苦百姓看病、治病，渐渐便成为治愈病人的好手，在地方上也颇有名气。

　　1853 年 2 月 24 日，太平军占领安庆。次日，太平军拔营东下，清军趁机回占安庆。周天爵接任安徽巡抚后，当他听说在太平军攻打安庆前，前安徽巡抚蒋文庆曾秘密地将藩库银转移到"（枞阳）会宫小坝"的消息之后，便立即派干吏精兵前往枞阳会宫小坝，搜查藏在那里的财宝。

　　一个个想发横财的抚衙官吏，挨家挨户强行搜查，竟一无所获。巡抚衙门却宁信其有，断定藩库银在会宫被"反逆"抢劫，并以抢劫"皇纲国库"罪而定案，抓捕村民，滥杀无辜。就在这刀光剑影之中，张逸民置个人生命于不顾，挺身而出，厉声怒斥惨无人道的官兵，要求他们立即停止无休止的暴行。这下可刺痛了衙门官吏，他们暴跳如雷，恼羞成怒，将张逸民逮捕入狱，诬以盗窃"皇纲国库"首犯的罪名，判处死刑，秋后处斩。

1853年10月12日，太平天国胡以晃部攻取练潭镇后，迅速向桐城县城开进。10月14日，攻下桐城县城。攻城之际，清衙门官吏将张逸民绑赴北门外刑场，准备斩首示众。处斩之时，其子张传宗冲进刑场，引颈愿代父行斩。此时恰逢胡以晃部赶至刑场，救出了张逸民、张传宗父子。张逸民在胡以晃的军中担任书理之职，深得信任。胡以晃发现他不但文墨很深，而且还精通医术，尤擅长眼科，于是将他推荐到太平军陈玉成部，担任军中掌医。

当时，天王洪秀全的眼疾时常复发，异常痛苦，虽多方治疗，均无效果，连连下诏求医。陈玉成将张逸民推荐到天京（南京）天王府，为天王洪秀全治疗眼疾。张逸民为疗治天王眼疾，亲熬汤药，数日工夫，竟治好了天王久治不愈的眼疾，洪秀全大喜，于是决定将他留在府中，专给自己看病。张逸民成了天朝的"督内医"。

张逸民有一个女儿，自幼聪颖姣美，"淑贤能文，貌亦端庄"，文章诗词，琴棋书画，无所不能。1854年1月，张逸民带着刚满19岁的女儿来到了天王府，参见天王洪秀全。洪秀全被张姑娘的美貌、才华所征服，对她动了空前未有的怜爱和结侣之心，萌发了纳其为妃的念头。

1854年8月的一天，是张逸民之女张姑娘"进于天王"的大喜日子。太平天国政要大员率领着数千人组成的迎亲队伍出发了。十几艘喜庆的彩船浩浩荡荡地从天京码头开出，喜船上张灯结彩，挂满五色的绸缎，高高的船杆上飘扬着双喜大红字，金光闪闪。彩船"由长江到现在的枞阳县桂家坝登陆。从桂家坝到汤家沟旱路8华里，路面上满铺（含金铂的）黄土，两旁挂满彩花；从汤家沟经白荡湖到会宫河张家新屋门前是 40 华里的小路，一路用船排列，船上平铺木板，造成一条宽阔的大路，路上面也是用（含金铂的）黄土平铺，两旁用红色绫绸幔成甬道"。一路上，锣鼓喧天，笙乐阵阵，鞭炮震天，人山人海，热闹非凡。

　　1855 年 1 月 18 日，是天王洪秀全 41 岁生日。天王与张姑娘在天王府举行了盛大的婚礼仪式，正式将张姑娘封为王妃（民间人称"张王妃"），晋封张逸民为"国丈"，封官御医兼参事，并允准张逸民在家乡"建衙（国丈府第）"。据张汝南著《金陵省难纪略》载："凡贼寿则选妃，……洪贼及贼子寿，则各王选妃进贡，贼亦辞而受其一。……时有桐城某以舟载其女进于天王，女年十九，色甚美，能书画，晓音律，天王看过，发交某大妹教习天情，然后进御。故人得见其美，封某为国丈。闻某建衙于桐城，声势显赫。"

　　张逸民成了天王身边的"大红人"，但清军却将他视为"眼中钉"，把他作为重点抓捕的对象。据清胡潜甫《风鹤实录》记述见闻：清咸丰六年（1856 年）12 月 20 日，清军"自孔（城）整队扎（枞阳）义津桥高岗。次日，（胡）大新密至（枞阳）会宫，直捣伪国丈张逸民住宅，惜五鼓带数十贼逃往（枞阳）连城。"

　　1860 年 6 月以后，湘军曾国荃部深掘长壕，步步为营，渐次推进，稳扎稳打，围城打援，安庆城中的太平军陷入了长期的围困之中。1861 年 3 月 6 日，太平天国政权晋封"张立邦为天朝九门御林扩天义"，带兵出京，解救安庆之围。张逸民率太平军进入安徽后，在安庆外围东线多次与湘军展开激烈的争夺战，但未能与城内太平天国守军汇合。6 月 19 日，"伪王丈张立邦即张以明至庐江邑罗昌河打馆（宿营）"时，被桐城东乡团总李恩元生擒，押至设在安庆城北的曾国荃军营。《曾国藩全集·家书》载，6 月 30 日，曾国藩在东流大营船上致函围攻安庆城的曾国荃说："二十九日夜接来信，知伪王丈张立邦拿获正法。"1861

年 6 月 28 日，刽子手动用铁梳子的酷刑，将张逸民杀害。

1864 年 7 月 19 日，清军攻进天京。张逸民之子张传宗同清军展开激烈的肉搏战，为太平天国革命流尽了最后一滴血。清曾国荃部攻入天京后，"见人即杀，见屋即烧，子女玉帛扫数悉于湘军"。张王妃不甘被辱，自尽殉难。

后来，张氏族人为张逸民、张传宗父子在枞阳县会宫镇城山村张家新屋南面的小葫芦岗东端，分别建了一座衣冠冢，父子二墓并列，墓皆向西。

程学启传略

　　程学启（1830—1864），字方忠，枞阳县枞阳镇"黄村圩北圣庙"（今属五一村）人。他幼年丧母，由族人程惟栋之母养育成人，"家世务农，少不羁，负奇落拓"。1853 年初，在清营中谋得千夫长职位，领兵驻守庐州（合肥）水西门。1853 年 12 月 16 日，太平军攻下庐州，程学启投奔太平军陈玉成部，太平军攻克庐江县城后，提升为佐将。程学启骁勇善战，为人所不及，陈玉成奇之，令佐叶芸来守安庆，官先锋，他自行募兵乡里，得精卒五百为一营，辅佐叶芸，升弼天豫。时与丁汝昌二人同住一馆，"倾怀效能，意气相得"。

　　1861 年 5 月，正当太平天国安庆城内守军和城外援军，与湘军展开殊死决战的时候，湘军主将曾国荃"令部下拘程惟栋母子入湘军大营"，恐吓程母说："学启不降，当诛尔亲子。"威逼之下，程母"化装为丐妇潜入程学启之营，伏地痛哭乞求程学启救其亲子"。为报答程母养育之恩，程学启顿生降意。26 日，曾国荃派兵扮作难民入安庆太平军营中通消息，"甫至程学启馆，已为叶芸来（太平天国将领）侦知，即以壮士八人持令箭招程学启入城相见"。程学启知道事情不妙，决定提前行动，遂策动丁汝昌于 30 日夜共同率领所部 300 余人在集贤关叛变，翻过城墙直奔曾国荃部营地，投降湘军。8 月 18 日，程学启、丁汝昌为湘军前导，攻破安庆北门外 3 座营垒；9 月 15 日，安庆终被湘军攻陷。战后叙功，程学启以"功最"擢为游击，赏戴花翎，领开字营，为营官。随后，程学启从曾国荃攻陷无为、铜陵诸城后，升为三品参将。

1862 年 2 月，李鸿章带着召集到的刘铭传、张树声、潘鼎新、吴长庆等部团练来到安庆。曾国藩为其定名为"淮勇"，设立铭字营、树字营、鼎字营、庆字营，并从湘军拨调春字营、开字营等 8 营，归李鸿章节制。从此，程学启被编入淮军。

5 月 2 日，淮军 7000 人全部抵达上海。初至上海，独程学启命将士"习夷操、习英法二国号令"，在淮军中"首开西人操练之风气"。他"见外国兵械劲利，深研潜讨，一变中国旧法，师彼长技。淮军用西域枪炮，自公（程学启）倡始"。"时淮军新募，诸将多未当大敌，无作战经验，独程学启部成为劲旅"。5 月 10 日，程学启的开子营击退漕河泾太平军，占据虹桥，5 月 13 日，进驻青浦，5 月 20 日，占领杭头、新场等地。5 月 28 日，直逼南汇，迫使太平军守将吴建瀛出城投降。5 月 31 日，乘胜攻占川沙。6 月初，程学启部移屯泗泾，"斩首捕虏甚众"，解松江之围。程学启升为副将，赏"勃勇巴图鲁"汉字勇号。

6 月 7 日，程学启部攻破南桥后，拥众杀入奉贤城。接着转攻柘林镇，歼灭太平军 2000 多人。7 月 7 日，攻取青浦；7 月 17 日，攻陷太平军在浦东的最后一个据点金山卫。8 月，大败太平军于七宝、北新泾、虹桥一带。战后程学启擢为记名总兵。

11 月 12 日，十余万太平军围攻四江口，李鸿章督程学启、郭松林、刘铭传等部，与太平军大战于嘉定青浦四江口白鹤港，程学启胸受炮伤，不下火线。是役，太平军将士 2300 多人战死，四江口之围遂解。战后程学启升为江西南赣总兵，以提督衔记名。

1863 年 1 月，程学启率部随同淮军进攻常熟，占领福山镇。5 月，攻克太仓，在进攻昆山时，程学启设计智取，一马当先，率兵猛攻，太平军大败而逃。戈登见其战，谓："程某歼贼，固不假人助力。"曾国藩说："近年所见诸将，唯程学启谋勇俱优，得（此）一人而强，此失一人而弱。"战后程学启被清廷实授提督，并予一品封典。

1863 年 9 月，程学启总领淮军水陆两军，伙同戈登洋枪队，强攻苏州，遇太平军顽强抵抗，伤亡惨重，攻城不下。程学启遂密谋勾结苏州城内太平天国纳王郜永宽叛降做内应：郜永宽与程学启副将郑国魁为旧相识，遂通过郑国魁进行策反。12 月初，程学启单舸会见郜永宽于城北阳澄湖，通过协商，双方达成的交换条件是：郜永宽以动员城内其他守将叛降、刺杀慕王谭绍光为信，事成后，城内叛降的守将均封以官职。12 月 4 日，太平天国慕王谭绍光召集守城诸将议事之时，郜永宽等叛将相约而起，斩杀了谭绍光及其部属千余人，夜开齐门（苏州北门），献城受降。第二天，程学启入城。

时降将列名者 8 人：纳王郜永宽外，比王伍贵文、康王汪安均、宁王周文佳、天将范启发、张大洲、汪怀武、汪有为。8 名叛将派自己的部队把守苏州 4 门，并歃血为盟，共同向程学启要总兵、副将等衔，且要求"署其众为二十营，刬半城为屯"。程学启佯许，密请李鸿章下令诛之以定乱。李鸿章说："杀已降不祥，且令常（州）、嘉（兴）闻风死守，是自树敌，不可！"程学启争不能得，怒曰："今贼众尚不下二十万，多吾军数倍，徒以战败，畏死乞降，心故未服。今释首恶不杀，听其拥众廪军饷，与吾军分城而处，变在肘腋，何以善其后？吾属无遗类矣。"说完即"拂衣径出"。李鸿章也怕日后几个叛将反目，乃急起，拉着程学启的手说："徐之！吾今听若。"

12月4日，程学启令郜永宽等8人出城谒李鸿章，李鸿章为其"授总兵、副将官服"后，设宴庆功，酒过三巡，程学启一声令下，伏兵一拥而上，杀死郜永宽等叛将。接着，程学启命淮军"严陈入城，及八人首至"，谕众曰："八人反侧，已伏诛矣。若等毋动，动者斩！"又搜戮太平军中拒命者2000余人。

苏州的失守，导致了太平军苏南根据地瓦解，至此，天京陷入腹背受敌的危急局面。洪秀全在军情奏折上曾批曰："大厦未竣，折梁人至矣，毁我天朝基业者，必方忠也……。叛逆不除，天朝难固。"在安徽的曾国藩，"闻苏州杀八降将"，赞叹程学启"明决，能断大事也"。战后，程学启被"赏穿黄马褂，给一品封典云骑尉世职"。

1864年2月，在进攻嘉兴时，程学启率所部"乘阴雨，夜筑浮桥及沿城护炮月墙，军士皆持彭排（盾牌）搏草膝行，且筑且避矢石，数日台成，以炸炮日夜猛轰击城垣，毁城数百十丈"，太平军"辄堵御复完"，击毙清淮军副将何安泰、郭兴发等。久攻嘉兴不下，程学启"大愤，突击搏战，自逾浮桥，率敢死队援梯登城，及半，中枪子伤"，再冲，"飞弹伤额，仍坚坐不退，士乃大奋，遂克嘉兴"。3月10日，程学启以创发毙命。

洋枪队首领英国人戈登得知程学启死讯，叹息不已，推其为"名将"，并"求得公（程学启）战时大旗二，持归为表记"。7月，清军"复金陵，追叙前功"，清政府优诏赐恤，称程学启"谋勇兼优"，赠三等轻车都尉世职、太子太保衔，谥号"忠烈"，祀"昭忠祠"。其灵柩运回家乡，安葬于枞阳县䲢山镇万桥村大李庄。

吴汝纶传略

吴汝纶（1840—1903），字挚甫，枞阳县会宫镇老桥村吴刘庄人。

1863 年，吴汝纶获县试第一，再应府试，名列第二。1864 年，他结婚时作花轿喜联云："十三经，廿四史，十载寒窗，未脱得那领蓝衫（指秀才穿的服装），愧把白身（指自己尚未取得功名入仕）偕绿鬓（指新娘子）；甲子年，癸酉月，甲戌良辰，且牵着这条红线，行看黄榜点朱衣。"这年 11 月，他果然中举，次年中了进士，授内阁中书。

曾国藩在日记中说："吴挚甫来久谈。吴，桐城人，本年进士，年仅 26 岁，而古文、经学、时文皆卓然不群，异材也。"便奏留吴汝纶于其幕府。吴汝纶入佐曾府的 4 年多时间里，曾国藩"教以说经之法"，相商国内外大事，往往达到"说话太多，舌端蹇滞"的地步；常与张裕钊等人"久谈为文之法"，"畅言文章兼及经史"，奋读厉行，治学勤奋，无不探研，完成了数十种著作，取得了令曾国藩"咋舌自失，谓尽平生所未知"的成就，与同在曾国藩幕中效力的张裕钊、黎庶昌、薛福成并称为"曾门四弟子"。1870 年，李鸿章任直隶总督，吴汝纶参李鸿章幕。"时中外大政决于国藩、鸿章二人，其奏疏多出汝纶手"。1871 年，吴汝纶出任直隶省深州知州。1874 年，入江苏巡抚张树声幕。1876 年，再入直隶总督李鸿章幕府。1881 年，出任冀州知州。为官期间，勤政爱民，关注民生，"商旅称便，州境遂富"；任职之时，"教育为先"，锐意兴教，"文教斐然，为畿辅冠"。

　　1889 年 2 月，吴汝纶出任保定莲池书院山长。他专力推行"兴教化，并中西为一"的主张，大力提倡学习、运用、借鉴西方的科学知识，与东西各国名流学者抵掌论文，相互交流革新办学之体会。他亲自新编译册，研究诵讲，传之师生，教以新知。书院开设英文、日文及格致（理化）等课程，"认真讲求声、光、电、化之学"，为社会培养出了一批"发明成业，卓然能树者"。当时，"西国名士、日本学者，每过保定，必谒吴先生，进有所叩，退无不欣然推服，以为东方一人也"。在吴汝纶的主持下，莲池书院的影响和声誉亦日益扩大，中外学者自远方麇至，纷纷前来问教求学，吴氏门下弟子云集，一时称盛，给中国近代教育事业带来了生机与活力。

　　1902 年 5 月 3 日，吴汝纶以京师大学堂总教习、加五品卿衔的身份率由绍越千、荣勋、杜之堂、李德膏、史恕卿、中岛伯成（日本人）等组成的考察团，由京师出发东渡，于 11 日抵达日本仁川，开始考察日本学制。在 100 多天的考察活动里，吴汝纶率团先后到达长崎、神户、大阪、西京、东京等地，参观考察了从城市到农村、从高等学府到幼儿园的各类不同层次、不同性质、不同形式的学校达 50 多所。他日行数十里，日接百十人，常常"鸡鸣而起，宵旰不暇寝食，考核学事，文书山积，日夕应客以百十数，皆一一亲与笔谈"。"凡东游三月，门不绝履，车无停轨，日本贤隽望风辟易，惊叹以为天人也"，所到之处，"名卿、贵人、官吏、百执、学徒、妇女，下至灶门厮养之徒，莫不争延颈踵怀慕相属"，皆以一睹吴汝纶这位大儒之风采为一生幸事；9月17日，当吴汝纶启程回国时，日本举国"无不惝然若有大失者"。9月21日，吴汝纶率考察团抵达上海。他将考察所得的有关日本教育制度、规章、预算、专业设置等谈话记录、文件资料、信函及日记等编纂成长达十余万言的《东游丛录》，这是我国最早的一部介绍日本教育制度与实践的专著，也是我国调查研究外国学校教育制度的第一本专门著作。

回国后，吴汝纶在安庆创建了安徽省第一所普通中学——桐城中学堂（1903年移桐城，今桐城中学前身），树立了废科举、实施学校教育制度改革的样板。他亲自为学堂撰书"勉成国器"校匾和"后十百年人才奋兴胚胎于此；合东西国学问精粹陶冶而成"楹联，这充分反映了他希望通过创办学堂，以实现革新教育、造就人才、振兴国家的强烈愿望。

1903年1月12日，吴汝纶病卒于枞阳县会宫镇老桥村吴刘庄居第。1915年，葬于枞阳县义津镇塔桥村朱家湾庄、吴刘山之南的"琵琶地"。

吴汝纶著述宏富，著有《易说》《写定尚书》《尚书故》《夏小正私笺》《吴挚甫文集》《吴挚甫诗集》《吴挚甫尺牍》《韵学》《深州风土记》《东游丛录》《吴挚甫先生函稿》《桐城吴先生日记》等。

吴汝纶学力深厚，文精名重。在散文创作上，强调"文以气为主"，主张"气、才、学"三者必须统一。他认为，才由气见，但二者又都受学的制约。学深则气静，无纵横之气，才华就不能显露；学浅则气盛，行文闳肆，才华毕露。所以他在《与杨伯衡论方刘二集书》中指出："夫文章以气为主，才由气见者也，而要必由其学之浅深，以觇其才之厚薄。"又明确指出："夫才，由气见者也。今之所谓才，非古之所谓才也，好驰骋之为才；今之所谓气，非古之所谓气也，能纵横之为气。"

只有这样，才能使文章由学精、才老、气厚的完满融合而达到品位高、意境一流的艺术境界。在散文的艺术风格上，吴汝纶主张"文贵变"，强调"文必以奇胜"。他说："说道说经，不易成佳文。道贵正，而文者必以奇胜，经则义疏之流畅，训诂之繁琐，考证之赅博，皆于文体有妨。故善为文者，尤慎于此。"在文章语言和表述方面，他坚持"反俚求雅"的观点，追求桐城派所提倡的"雅洁"，并要求文章应重于剪裁。在《答严几道》函中曰："来示谓行文欲求尔雅，有不可阑入之字，改窜则失真，因仍则伤洁，此诚难事。鄙意与其伤洁，毋宁失真。凡琐屑不足道之事，不记何伤？若名之为文，而俚欲鄙浅，荐绅所不道。此则昔之知言者，无不悬为戒律，曾氏所谓'辞气远鄙'也。"又认为："文无剪裁，专以求尽为务，此非行远所宜。"竭力维护桐城古文的气清、体洁、语雅。

吴汝纶"天资高隽"，"道高学博而有文章"，其为学："由训诂以通文辞，无古今，无中外，唯是之求。自群经子史、周秦故籍，以下逮近世方、姚诸文集，无不博求慎取，穷其原而竟其委。"他所作文章以议论见长，风格"遒肆"，"专模恢宏、奥崛之境"，"感情真挚质朴，文笔清新自然，说理平实老练"。曾国藩曾在日记中写道："阅桐城吴某所为古文，方存之荐来，以为义理、考据、辞章三者皆可成就。余观之不然，不独为桐城后起之英也。"

吴汝纶心系国家安危，高举"教育救国"的旗帜，谋求教育救国兴邦、富民强兵之道。他的教育思想，新鲜活跃，博大精深，系统而独到。

甲午战争失败后，吴汝纶大声疾呼："此次大创之后，朝政不改，国必亡；士学不改，种必灭。"他认为，"吾国旧学实不敷用"，"科举所取，舍文字更无他策"，"以文取士为下策"，"但用策论取士，亦难得真才"，"人才之兴，必由学校"。他明确指出："必去文字，莫如废科举而专取学校。""非废科举，重学校，人才不兴。""教育与政治有密切关系，非请停科举，则学校难成。"他一再强调，只有"径废科举，专用学堂造士"，只有"直应废去科举，不复以文字取士"，才能造就、选拔"或周知天下郡国利病，或熟谙中外交涉事件，或算学律学，擅绝专门，或格致制造，能创新法，或堪游历之选，或工测绘之长"的各类人才。废科举、兴学校是中国近代教育史上的一件大事，吴汝纶在这方面的提倡和努力，在客观上推动了资产阶级新文化的传播。

大力普及国民教育、提高全民素质，是吴汝纶教育思想的重要内容。他认为，要使中国不断进步、发展，走向强盛，必须"以国民教育为的"。大办新式学校，"普国人而尽教之"，"使人人读书识字"，"开民之愚而使之智焉"，促使国民"蹶然奋起，不甘为人奴隶"，"非学至与外国竞胜不止"，以"保全人种之心"。也就是说，"欲新民必新学，欲新学必新心"。要做到新心，要做到人的观念变革和主体性的觉醒，必先"富民之智"，除去"心中的奴隶"，冲破封建传统的束缚，造就一代新风，培育一代新民。只要这样，"即能强国"。

"对《壬寅学制》以及《癸卯学制》做出建设性贡献的，应该是京师大学堂总教习吴汝纶"。吴汝纶的教育思想和教学实践，对20世纪初中国的《壬寅学制》和《癸卯学制》的制定产生了直接的影响，推动了传统教育向近现代教育的过渡。

"吾国人中，旧学淹贯而不鄙新知者，湘阴郭侍郎以后，吴京卿一人而已。"吴汝纶乐闻新知，热心洋务，广泛涉猎西学著作，关注西方科学思想和西方国家的先进技术，把向西方学习看作是"变法图强""富国强民"的重要手段。

吴汝纶从30多岁时就开始力倡西学，虽屡"为群小所不慊"，但仍心系国运，痴心不改。他认为，"西学日新，后出者胜"，欲振兴国势，必"通西人门径"，"非处处设立学堂，讲求外国新学不可"，"欲求世变，必先讲求西学，造成英伟奇崛之人才，使之深通中外之变，淬厉发扬，以备缓急一旦之用"。他向世人疾呼："现今日时势，必以西学为刻不可缓之事。""西学当世急务，不可不讲。""窃谓救时要策，自以讲习西文为务。""国无西学，不足自立。""将来后生，非西学不能立于世。"通过学习西学，"遍采欧美善法，择其宜于中国者仿行之"；通过学习西学，"得欧美富强之具，而以吾圣哲之精神驱使之"。吴汝纶"读西书，识西国深处"，主张讲西学，办学堂，开工厂，修铁路，兴农业，搞商务，重理财，积聚财富，救国救民。

吴汝纶深刻地指出天下的时势和事物都是发展变化的。他说："当其势之未变，彼故安坐拱默，自谓无患也，夫庸知刀俎之日伺其侧乎！"又说："国于瀛寰，强者竞存，政法到今，变古一新，有拘不化，岌乎危艰。"还说："今欧美新学，深微要眇，兵农工商，无不出于学校；日本得之而强，中国尚阙焉。"吴汝纶认识到世界历史发展的潮流，大胆揭露了中国当时在政治、经济、文化等方面存在的严重问题，论证了变革的重要性。他大声疾呼，在"宇宙之奇变，古今之创局"的时代，"不取人长，不足以除弊图新"，只有"变法图强"，才能适应新的世界潮流，生存下去。

1897年12月，严复选译的《天演论》开始在《国闻报》上陆续发表，次年3月正式出版。当时，首先站出来对《天演论》大加赞赏和推崇的，就是吴汝纶。当他见了此书的译本后，即为其立论之精辟，文辞之华美，翻译之精彩所倾倒，叹曰："虽刘先主之得荆州，不足为喻。"亲用蝇头小楷将译本抄写一份，"秘之枕中"，捧读终日，爱不释手。通读之后，吴汝纶说："赫胥氏起而尽变故说，以为天不可独任，要贵以人持天。以人持天，必究乎天赋之能，使人治日即乎新，而后其国永存，而种族赖以不坠，是之谓与天争胜。"又说："严子之译是书，不惟传其文而已。盖谓赫胥氏以人持天，以人治之日新，卫其种族之说，其义当，其辞危，使读焉者怵焉知变，于国论殆有助乎!"吴汝纶不仅对《天演论》所宣传的"与天争胜"的思想大为称道，而且亲为《天演论》作序。称赞严复选译的《天演论》"为大海东西奇绝之文"，将其比作"与晚周诸子相上下之书"，并四处请朋友售书，推销、宣传《天演论》；他还另删节整理易读易懂的《吴京卿节本天演论》。严复的出色翻译，吴汝纶等爱国志士的大力宣传，《天演论》一问世，"风行海内"，给中国的思想界输送了新鲜的食粮。《天演论》的迅速传播，影响了整整一代要求变革、救亡图存的知识分子，成为变法维新和民主革命运动的重要思想武器。

陈澹然传略

陈澹然（1860—1930），字剑潭，号晦堂，枞阳县汤沟镇仪山村人。陈澹然幼从父读书，9 岁便操笔为文，应童子试时，以奇文妙著而轰动乡里。1893 年，中恩科举人，授资政大夫。他虽有胸积万壑的学识，但仍要为摆脱贫困而到处奔波，便开始了游学生涯，曾欲投清直隶总督兼北洋大臣李鸿章、湖广总督张之洞和湖南巡抚陈宝箴幕下，均被弃之不用。陈衍在《送陈剑潭南归序》中说："南方之强有力者，尚有知剑潭之深，丰以养剑潭者乎？使吾剑潭者以自食其力，盖以舒发其文章，岂独剑潭一人一家之幸福焉？"可见，陈衍对陈澹然的才华，极为赞赏，对其怀才不遇，深感不平。

1912 年 3 月 10 日，袁世凯在北京就任中华民国临时大总统，委任陈澹然为总统府高级顾问。陈澹然竭力反对袁世凯的称帝之举，他曾大声进言说："公（袁世凯）握柄未久，民心未固，前清陋政陋规亟待革除。国民望治心切，正与民更始之时，今国内艾安，万民乐业，公若励精图治，不过十年定收大效。届时我公威望日隆，列强怀戒，国民爱戴，若召集国民大会决定国体，则轻而易举。较之今日急急图之，岂不妥善？……望我公切不可轻动，关系实非小可。忆我公就大总统时，曾宣告全球，定国体为共和，今若突改国体为帝制，各国以前照会质公，公将何以对之？再则外人勾结宵小，鼓煽人心，假护国之名揭竿而起，是内外交困矣。今尚萌芽之际，制止非难，请速决！"1915 年 8 月，"筹安会"成立后，陈澹然仰天长叹道："国必大乱，吾将归欤！"愤然离京南下，寄寓安庆。12 月，袁世凯指定陈澹然以硕学通儒的身份参加参政院，陈澹然固辞四次，称疾不赴。

袁世凯被迫取消帝制后，陈澹然历任江苏省通志局提调、安徽省水利局局长、安徽省通志馆馆长、安徽省商业学堂总监等职。1926 年，陈澹然与当时的名流郁达夫、朱湘、陈朝爵、杨铸秋等延聘为安徽大学中文系教授，后来又应杨亮功校长之请，主讲中国通史。1930 年，陈澹然病逝于安庆，葬于枞阳县汤沟镇农庄村祠堂组羊虎山南麓。

陈澹然对达官贵人毫无媚态，敢于直言抨击，以狂放奇纵显名于世，有"狂生""异士"之称。他才高学深，做学问竭力主张调和汉宋，主张"言文合一"，为文常以司马迁、班固自许。在治学过程中，不盲从传统，能够独辟蹊径，思考的层面相当的广阔，涉及的内容相当庞杂。著有《江表忠略》《寤言》《异伶传》《原人》《原学》《宪法制原》《权制》《田间兵略》《波兰泪史》《哀痛录》《中国通史》《晦堂文论》《庵文简四书考证》《万国公史议》《蔚云新语》《皖志议略》等。

在《寤言》卷二的《迁都建藩议》中，陈澹然说了一句传于后世的经典名言"不谋万世者不足谋一时，不谋全局者不足谋一域"。他高屋建瓴，高瞻远瞩，从宏观的角度告诉人们：想问题、做事情，都要有长远的眼光和全局的意识，不从长远的利益考虑问题，就不能够策划好一个时期的事；不从全局的利益考虑问题，就不能够策划好一个地区的事。这句话，富有哲理，道出了事物是普遍联系和永恒发展的哲学原理，具有大智者的谋略思想和战略思维。

《异伶传》是陈澹然于民国初年客游北京时的作品。这既是一本构思奇特的艺人传记史料集，更是一本观点鲜明的戏曲论著。陈澹然从记艺着手，以若干片断，精彩地描述了"伶圣"程长庚及其弟子简三、谭鑫培、汪桂芬等"出入宫廷数十年，风采动天下，未尝乞恩泽"，不事权贵，艺德高尚的动人故事。文字感人，重在一个"异"字，让人读来击节不已，叹为观止。论者谓这部书是"异士"写"异伶"，珠联璧合、相得益彰。

陈澹然十分仰慕桐城派鼻祖钱澄之。他常告诫后辈说："我县钱田间先生，诗文人多知之，至于他的经济功烈，很多人不大了解。……南明弘光以后，他和张煌言、瞿式耜诸先生，规划抗清复明的策略，如果南明政府能够采用，那么明清双方的胜败尚未可知。不幸失败，田间只好退隐躬耕，这是荦荦大节。望溪先生《田间墓表》于此一字不提，只说'以经济自负，常冒危难以立功名'，殊失斤两。但望溪在清廷淫威专制之下，无可奈何，亦不能厚非。如果出于戴南山先生的手笔，一定说得淋漓尽致，读南山的《杨维兵传》《画网巾先生传》，即知我言不谬。"桐城派三祖中，他最喜爱的是刘大櫆，他评述其文章道："世之论桐城文者，每称望溪以学胜，海峰以才胜，姬传以识胜，余独喜爱海峰的文章，意到笔随，气势壮阔，无怪望溪许为国士。姬传才不及海峰，乾嘉年间，文名远播海内，弟子如：梅曾亮、管同、方东树、姚莹、刘开、戴钧衡诸人皆能够光大姬传的绪论，桐城文派因之形成。"他又说："通伯与仲实、叔节昆仲都是挚甫所提拔，通伯学识渊博，章太炎时常称道，叔节精于诗，仲实长于经学，都是清末民初桐城士人中的佼佼者。"对于桐城派在全盛时期所创造的文学景观及在清朝文坛长期占据正宗地位的历史事实，陈澹然不持异议。即使在桐城派处于衰落，直至寂灭的历史时期，陈澹然仍称那一时期桐城派的重要文人为当时的"佼佼者"。

五四运动以后，信服于桐城派的部分文人，为了维护桐城古文的正宗地位，至死不改其"力延古文一派"的守旧立场。当时文坛，"其墨守桐城文派者，亦囿于义法，未能神明变化。故文学之衰，至近岁而极。文学之衰，故日本文体，因之输入中国。其始也，译书撰报，据文直译，以存其真。后生小子，厌故喜新，竞相效法。夫东籍之文，冗芜空衍，无文法可言，仍时势所趋，相习成风"。面对如此文坛现状，陈澹然对汪辟疆说："桐城文，寡妇之文也。寡妇目不敢斜视，耳不敢乱听，规行矩步，动辄恐人议其后。君等少年，宜从《左》《策》讨消息，千万勿走此路也。"

陈澹然喜爱书法，早年以欧阳询入手，继而以王羲之、米南宫行书为法帖，后主攻苏东坡行书，又博采众长。其书法笔意自然，多用侧笔，体势宽博，骨力洞达，个性最为显著，加之字势与行式往往偃仰倾仄，更增添了纵逸豪放，痛快淋漓的感觉。书写内容多为自作诗文，明心见性，抒发真情实感。

吴芝瑛传略

　　吴芝瑛（1868—1934），字紫英，号万柳夫人，枞阳县浮山镇鞠隐村人。1885 年，吴芝瑛嫁与无锡名士廉泉；1898 年，全家移居北京。吴芝瑛自幼就受到浓厚文化气息的熏陶，长期注重修身立品，有着丰富的精神世界与优雅的审美品质，有着精致的生活习惯与深厚的艺术修养，且思想激进，有刚烈男儿之气。她夫妻二人，暗中与孙中山、徐锡麟等革命志士密切联系，经常阅读主张民主政治的新式书报，思想开明，倾向革命。

　　戊戌变法时，王煦因上书论新政被逮捕入狱。吴芝瑛送金到狱中救济他，并劝丈夫设法营救。她庇护过在日本因参与反清活动而遭拘押的吴稚晖等人，救助过被诬为铁血会党魁的山阴女子傅文郁，曾典当簪珥等首饰和家藏董其昌手书《史记》真迹，为上海名妓李频香赎身。庚子赔款期间，吴芝瑛以破箱叠起当桌，以瓦片作砚，以示中华濒临"国破家亡"，于街头挥毫卖字，出售《小万柳堂字帖》，募"爱国捐"，得资数万，全部交给政府。并上书清廷，倡"国民捐"，提出了"产多则多捐，产少则少捐，无产则不捐”的主张，得到人们的一致拥护。

1903 年，吴芝瑛与秋瑾相识。二人吟诗论文，谈吐投缘，过从甚密，几乎"无一日不相见""大有相见恨晚之感"，又同有匡时济世之心，志趣一致，"两情相好，不啻同怀"，成为莫逆之交。1904 年 1 月 7 日，两人互换兰谱，结为"贵贱不渝，始终如一"的姊妹。6 月，秋瑾东渡日本，投身资产阶级民主革命，吴芝瑛帮她筹足了路费。8 月，吴芝瑛奔母丧归故里，禀承父母之命，"恤民兴学"，以全部财产约万金充办学经费，在故居鞠隐山庄创办"私立鞠隐初等小学堂"。10 月，吴芝瑛移居上海曹家渡小万柳堂。1905 年春，革命党人的活跃分子秋瑾从日本回国，吴芝瑛书赠一联曰："英雄尚毅力；老士多苦心。"坚决支持秋瑾奔赴民主革命第一线，吴芝瑛成为秋瑾革命事业中一个忠实的同伴和战友。

1906 年 8 月间，秋瑾与尹锐志、陈伯平等光复会会员在上海北四川路祥庆里，以锐进学社之名联络浙江和长江各地会党，并在此暗中试制炸弹，以备开展暗杀活动之用。有一次，他们在秘密试制炸弹时，不慎弹药爆炸，"（陈）伯平伤目，（秋）瑾伤手"。吴芝瑛闻讯赶来，支走巡捕，送陈伯平到医院医疗，将秋瑾带回小万柳堂治伤。秋瑾在筹创《中国女报》时，吴芝瑛多方筹措办报资金。她在报纸上发表文章，大声呼吁广大的妇女同胞，要奋然兴起，努力竞争，摆脱奴隶、玩物的地位，实现女子自我权益的完善，享受文明的幸福。

1907 年 2 月，秋瑾接任绍兴大通学堂总办，离开上海时，吴芝瑛为其送行，并赠金 40 两，作为办学资金。1907 年 7 月 15 日，秋瑾在绍兴城内轩亭口英勇就义，遗尸弃枢中，被抛在野外。吴芝瑛不顾清廷的淫威暴政，冒着受牵连的危险，先后赋诗 10 余首，抒发对秋瑾的赞美、悼念之情；多次发表文章，痛斥清廷暴政，要求解除禁令，尽快收葬秋瑾尸骨，为其鸣冤争公道，为秋氏遗族的命运而大声疾呼，公开声明以身家性命来保护她们的安全。在小万柳堂帆影楼旁专门建造一座"悲秋阁"，供奉秋瑾遗像，并亲书楹联："悲风爱静夜；秋月扬明晖。"12月，吴芝瑛、徐自华赶到绍兴，10次转移英烈遗骸，于1908年2月25日，迁秋瑾之枢葬于杭州西湖西泠桥畔。徐自华撰写《鉴湖女侠秋君表》，吴芝瑛带病亲手书丹，并题书"呜呼鉴湖女侠秋瑾之墓"碑铭。吴芝瑛与秋瑾生死不渝的情谊，以及她对革命的理解、支持和不避时艰、见义勇为的人品，令世人称道。美国人麦美德撰文说："吴女士所为其最勇而忘其身者，若葬秋瑾一事。……又以友谊爱心之故，为死者求葬地、立碑文。虽明知此可以杀身而不惜。若此女者，乃举世不为之动心乎？"

1911年11月，"女子北伐光复军"由上海开赴南京。吴芝瑛慷慨助饷，向陈也月上《请缨书》，写下《从军乐》6章，号召广大民众团结一致，万众一心，彻底推翻昏庸无能的清廷。辛亥革命推翻了统治中国260多年的清王朝，建立了共和国。吴之瑛兴奋至极，"顾前颐后兴，卒达共和目的，先烈英灵，亦可安慰"，撰一联以述怀："今日何年，共诸君几许头颅，来此一堂痛饮；万方多难，与四海同胞手足，竞雄世纪新元。"

袁世凯篡权窃位后，暗杀、罢免革命党要人，图谋复辟帝制。吴芝瑛作联曰："总统为公仆，言不成行，识事务者早该去；共和即民主，名难符实，逆潮流人无好终。"她在致袁世凯的万言信中说："总统者，为吾民服务之首领；文言之为总统，质言之一服役之头儿也耶；服役之头儿位，何篡？……公（袁世凯）为民国之总统矣，乃以专制之实，蒙共和之名。共和共和，乃恃为济恶之符乎？……继而揭全国反袁之形势，倾者东南宣告独立矣，讨袁军之旗鼓，震布中外矣。吾闻誓师者之言曰：某之本志，惟在倒袁，袁一日不去，誓不生还。……公朝去，而吾民早安；公夕去，而吾民晚息；公不去，而吾民永无宁日。"论私情，袁世凯与吴汝纶的交情甚厚，对吴芝瑛的才华亦十分赏识，曾亲自为她手书的《楞严经》作序。当时吴芝瑛的小女吴砚华与袁世凯之子袁克俊已定亲，即将成为儿女亲家，但在共和存亡的关键时刻，吴芝瑛不徇私情，大义凛然，旗帜鲜明地投入了反袁斗争。

1914 年，吴芝瑛夫妻二人东渡日本，在神户建造"三十六峰草堂"，并在东京开设扇庄，介绍中国书画艺术。1917 年回国，居住在无锡水獭桥廉氏故居。1925 年 3 月，孙中山病逝北京。吴芝瑛挽之以联："中华标榜十四年，名称犹在，实现何曾，目的促达最短期，先生未死也；世界潮流千万变，方略自存，大纲具备，国民唤起同努力，女子亦兴乎。"1927 年，吴芝瑛被聘为国民政府咨议员。1934 年 3 月 1 日，吴芝瑛病逝于无锡。

吴芝瑛沉潜书道，勤奋创作，书法、诗文俱佳，喜收藏，好佛学，对西方科学知识也颇感兴趣。著有《吴芝瑛诗文集》《帆影楼记事》《帆影楼旧藏画目》《剪淞阁诗集》等；编辑《小万柳堂丛刻》五种：《鞠隐山庄遗诗》《剪淞留影集》《南湖集古诗》《南湖东游草》《潭柘纪游诗》；与廉泉编纂出版了《扇面大观》。

李德膏传略

　　李德膏（1869—1941），字光炯，号晦庐，枞阳县枞阳镇长安村李家兰庄人。他 20 岁左右以第一名补博士弟子员；1897 年，中丁酉科举人。不久，来到保定，"径负笈从（吴）汝纶游，学乃益进，极为汝纶器重"。1902 年 5 月，李德膏随吴汝纶东渡日本；9 月，回到祖国，全力协助吴汝纶创办桐城中学堂。李德膏"擘划襄助斯校之发展，前后四十余年"。

　　1903 年，李德膏来到长沙，担任湖南高等学堂教习。1904 年 3 月，他与卢仲农创建的"安徽旅湘公学"正式开学，12 月，李德膏将公学迁到安徽芜湖，改名为"安徽公学"，确定以"培养革命骨干，传播革命种子"为公学的的教育宗旨，以"培养后进开展革命"为目的，开展反清活动。不久，《安徽俗话报》迁到芜湖后即在公学内编辑，广泛介绍新思想、新文化。1905 年，李德膏加入了"岳王会"，并在安徽公学内组建"岳王会"的秘密机关。李德膏主持安徽公学期间，不仅使其成为"清末民初安徽中等学校之最著者"，而且"一时各地方的革命党领袖人物荟萃芜湖"，致使校内的革命气氛异常高涨，相继有 80 多名师生加入了同盟会，安徽公学随即成为同盟会本部与皖、宁、沪革命联络的中心，"也成了中江流域文化运动的总汇乃至全国新文化的摇篮"。"孙毓筠等谋刺江督端方，徐锡麟谋刺皖抚恩铭，熊成基起义安庆，不数年间，（反清活动）接踵继起，革命声势乃澎湃不可遏抑，其策源地实为安徽公学。"安徽公学不仅是安徽开展革命运动的最早者，同时也是辛亥革命的策源地和全国革命和文化活动的中心之一。"而暗中推动者，以李德膏之力为多"。

1908，应云贵总督李经羲之请，李德膏赴云南执掌教育。1909 年，回到芜湖，将安徽公学改办为私立甲种实业学校。1911 年，辛亥革命爆发后，李德膏应召回到安庆，与韩衍、史恕卿等在测绘学堂组成了"皖省维持统一机关处"，12 月，安徽省军政府成立，任李德膏为督府秘书长。袁世凯僭谋称帝，拟召李德膏担任内阁秘书长，暗中派人送亲笔信与巨资给李德膏，要他立即到任。李德膏不为权势所迫，不被利禄所诱，清操自守，爱憎分明，"走避它地，不见来者"，并密约柏文蔚、李烈钧等人联合署名，撰写《讨袁世凯檄》，发往全国各地。1914 年，李德膏将甲种实业学校改为公立，定名为省立第二甲种农业学校。1919 年春，李德膏、朱蕴山在皖西六安创建的省立第三甲种农校正式开学。8 月，他与阮强在芜湖合办私立职业中学，并将此中学办成了当时安徽省最早的、颇具规模的、唯一的培养工业技术人才的基地。

1921 年 2 月至 1922 年 2 月，李德膏在担任安徽省第一师范学校校长期间，重视传播新知识和新思想，大力推行革新教育，培养实用人才。在反对倪道烺贿选、声援安徽"六二惨案"、废督裁兵、反对倪嗣冲的旧幕僚李兆珍出任安徽省长以及张勋旧部张文生督皖等一系列的斗争中，他"不畏难而苟安，在督军专横时，举国有识之士，咸虑其终为心腹患，致摇国本；然慑于淫威，莫敢谁何，虽身居要职手掌大权者，亦束手无策；先生以一介书生，举手一呼，而顽强横暴者卒为之摧陷廓清，是其卓识宏才热心毅力之大有过人者也"。他不避凶险，义无反顾地投入到斗争的最前列，表现了高度的爱国热情和坚定的反帝反封建的革命斗争精神，推动了安徽民主运动的发展。

1927年，李德膏回到家乡，择枞阳县枞阳镇沿河、老庄两村交界之地，创办"私立桐城县宏实小学"，新建校舍100多间，附设图书馆、成人识字班、妇女班、农场、工厂等，以推广学校教育于农村社会。"九一八"事变后，李德膏对师生进行爱国主义教育，"培植抗日力量"，把学校办成抗日的阵地，组织宏实小学师生，投入到如火如荼的抗日救亡运动。从宏实小学走出来的学生朱英业在抗战中被俘，就义前大声疾呼："打倒日寇！我死不负李先生及宏实诸师长的教导，可以瞑目矣！"

1931年3月，李德膏担任"安徽丛书"编审委员会委员，为保存、阐发安徽文献做出了特殊贡献。1932年10月，陈独秀在上海被国民党军统特务逮捕，随后被囚于南京老虎桥模范监狱。李德膏置个人安危于不顾，到狱中看望"政治要犯"陈独秀，在李德膏的关心下，陈独秀在精神和物质上都得到安慰和帮助，以病弱之躯安然度过了牢狱生活。

卢沟桥事变发生后，李德膏义愤填膺，"避乱入蜀"，但仍朝夕关注时政，抒己见，进国策，力持不抗战不足以图存之论，为民族救亡竭尽全力。1941年4月8日，李德膏病逝于四川成都。1947年，安徽省政府拨专款、雇专轮，迎李德膏夫妇遗榇回皖，合葬于枞阳县枞阳镇长安村李家兰庄陈家山之原。

李德膏"修养得力于儒而操守近墨，旧学根底湛深而锐意创新学"，"笃志于事功，潜心于典籍"，"好读书，虽旅途公廨，手不释卷。著有《屈赋说》《国策札记》《阮嗣宗诗注》及《同时诸人事略考》《楞严经科会》等书。笔记及论学书札尤多。小行书极秀健，神骨似姚惜抱"。

史推恩传略

史推恩（1869—1942），字恕卿，号大化，枞阳县会宫镇晓春村史家湾人。他18岁时得中秀才，所作文章，宗法秦汉，气势跌宕雄奇，人称"好古之士"。

1902年9月，吴汝纶倡议创办桐城中学堂，史推恩被任为筹集办学资金的董事长。1911年，他在安庆加入了中国同盟会。11月，史推恩与韩衍、高语罕等共同组建了"青年军"组织，史推恩担任第二队队长。11月11日，黄焕章部浔军进占安庆，政局混乱。史推恩与韩衍、李德膏等联络社会名流在测绘学堂组织起"皖省维持统一机关处"，维持着省城的治安，暂时稳定了安徽的局势，巩固了革命派在安徽的阵地。12月，安徽省军政府正式成立，史推恩被任命为财政司司长。1913年，军阀倪嗣冲部进占安庆，以"莫须有"罪名将史推恩逮捕入狱，幸经徐树铮、马伯颜等函电营救，才得以脱险。

五四运动的消息传到安庆后，各校学生立即响应，一致罢课，游行示威。5月8日，史推恩与安徽教育界人士李德膏、刘希平、光升、朱蕴山等组织安庆各校学生 3 千余人，齐集黄家操场举行大会，宣布成立"安徽学生团"。5 月 20 日，史推恩、李德膏等商议，将"安徽学生团"改名为"安徽省学生联合会"，以"支援一切爱国运动，力争政治自由"为宗旨，并将联合会作为领导学生运动的机关，以便坚持长期持久的斗争。

五四运动中，一个最直接的行动是抵制日货。史推恩组织和鼓动群众，冲破了封建军阀统治者重重阻挠与压迫，进行了不妥协的斗争，促使抵制日货、提倡国货的活动更加高涨。这场反帝、反封建的爱国民主运动，在安徽人民的斗争史上增添了光辉灿烂的一页。在整个运动过程中，史推恩始终站在斗争的第一线。

1921 年 6 月 2 日，安庆爆发了学生为争取教育经费而遭军阀镇压，遂酿成姜高琦致死、50 多人受伤的"六二惨案"。史推恩与省学联的领导一起，组建成立了"安徽六二惨案后援会"，在黄家操场举行了声讨反动军阀暴行的万人大会，将反封建军阀独裁暴虐统治、争取民主的斗争推向了高潮。

军阀倪道烺为了使自己成为民选安徽省长，出资 300 万元作为拉选票的活动经费。1921 年夏，史推恩、光升、李德膏、刘希平、高语罕等知名人士，奋起一呼，齐心协力，以澄清贿选为重任，在"安徽六二惨案后援会"基础上成立"安徽省各界澄清选举团"，并派出代表赴京、津、沪、汉等地，揭露贿选真相。这场斗争一直坚持到第二年 10 月，才取得完全的胜利。接着，军阀倪道烺以 40 万元贿买北洋政府内阁总理靳云鹏的老师李兆珍为安徽省长。史推恩全身心投入到驱逐李兆珍的运动，号召社会各界与盘踞在安徽的军阀斗争到底。由于全省人民誓死反对和抗争，终于将上任刚 10 天的李兆珍赶走。1922 年 7 月，北京政府派军阀张勋旧部张文生督皖，这分明是以暴易暴，激起了全省人民的愤怒。史推恩、朱蕴与各位同仁一起，发动了长达 1 年之久的废督裁兵运动，同军阀展开了面对面的斗争。

1923 年，史推恩、蔡晓舟等皖省教育界人士群议筹建一所"安徽大学"，并着手兴建于东流和贵池两县接壤的万兴圩工程，作为安徽大学的投产基金，不料受到军阀、当地土豪劣绅的破坏，筹建"安徽大学"之义举随之告终。1924 年 2 月，协助房秋五创办浮山中学，成为创建浮山中学的发起人之一。

1926 年 1 月，国民党中央指派光升、周松圃、朱蕴山、沈子修、常恒芳、史推恩、黄梦飞、薛卓汉、周范文九人为国民党安徽省党部临时筹委会（左派）执行委员。3 月，安徽省临时省党部在安庆邓家坡筹备成立，史推恩任商人部部长。这是一个国民党左派省党部，他们忠实执行"三大政策"，积极开展工农运动，与国民党右派的反共活动进行了坚决的斗争。史推恩坚定不移地站在国民党左派一边，衷心拥护"三大政策"，积极赞成国共合作，为推动安徽革命的进程付出了不少心血。

抗日战争爆发后，年近古稀的史推恩虽暂避乡间，但仍四处奔走呼号，发动各界人士，开展抗日活动。1939 年，在中共地下党的安排下，由史推恩负责，于桐城大关复兴商店和桐城中学图书馆楼上，设立了秘密交通联络站，掩护新四军辖区干部以及地下党进出大别山进行秘密活动，保证了他们的安全。

史推恩常常教育儿女说："青年人应有远大理想，到艰苦的环境里去，为国家民族做事。"他积极鼓励、动员子女参加八路军和新四军，先后将史伟、史照、史迈、史洛明、史康（后来，他们都加入了共产党，为党和人民做了许多有益的工作）送到抗日第一线。史推恩送其三子史伟到安庆保罗中学读书时，告诫他说："中国是不会灭亡的，中国前途是光明的，不要害怕，到苦日子里去干！"史伟望着父亲，立下誓言："坚决为民族解放，为人类进步而奋斗。"

抗战爆发后，中共党组织将史伟派往山东，开展敌后抗日游击斗争。在很短的时间内，史伟便迅速组成拥有800多人的抗敌自卫队。这支抗日武装在大队长史伟的率领下，活跃在馆陶、临清一带，多次与日军展开殊死的战斗。1938年春，史伟率队在一次对日的激战中，不幸被捕，壮烈牺牲。不日，《新华日报》即刊登文章，报道了他牺牲时的情况："史伟同志被日本鬼子系在马颈上，马践踏着他的下体，血！鲜红的血流着，他还在高呼：'打倒日本帝国主义！中华民族解放万岁！'最后日本鬼子用白亮的刺刀，穿进他的胸膛。"当史推恩得知史伟殉国之烈，仰天而笑曰："吾有子矣！"并对前来安慰他的亲朋好友说："当此国家大敌临头之际，能冲锋陷阵、英勇牺牲是我的好儿子，我衷心感到安慰。"

1942年9月，史推恩突然患病，逝世于枞阳县义津镇晓礼庄，安葬于枞阳县会宫镇晓春村史家湾大肚山南麓的狮子地。

释宽成传略

　　释宽成（1874—1969），俗名朱荣康，又名朱青年，出家后法名宽成，字镇颠，枞阳县汤沟镇丰乐街人。他幼年时读过私塾，成年后，一边行医，一边从事农业劳动，聊以为生。1906 年，因受一纵火案的牵连被关入监狱，幸有一好心妇女将半把钢锉传进牢房，使其锉断铁镣，撬开窗格，越狱逃到休宁齐云山，当了一名道士。

　　两年后，他善根顿发，虔心向佛，入九华山祇园寺拜大根禅师为师，受具足戒于镇江金山寺，受戒圆满后，授以衣钵、戒牒，释宽成正式取得了比丘资格。1920 年，他回到九华祖庭，礼佛修行，信心坚定，日有恒课不牵外缘，入夜焚香跌坐净修，自摄其心，成为品学兼优的贤能僧人。1922 年，释宽成托钵募化，在九华街建华天寺，并担任该寺住持达三年之久。1925 年，释宽成赴沪，在上海盂德兰路募建九华山华天寺下院（后改名为地藏禅寺），并出任住持。他创办、住持的地藏禅寺，香烟鼎盛，僧人云集，香客如云，护法者地位显赫，知名度不断扩大，成为广大佛门弟子梦寐以求的修学净地和大江南北极有影响的一座寺庙。

1936 年，释宽成回到九华山，历任祇园寺监院、九华山佛教协会候补理事、祇园寺住持、华天寺住持等职。四年后，他又来到上海，参加"上海慈善团体联合救灾会"，参与救济难民、为新四军输送物资和人才等抗日救国活动。新中国成立后，释宽成历任上海地藏禅寺住持、肉身殿住持等职，当选为青阳县政协委员。他坚持正信的佛教教育，致力于佛学研究，为弘扬佛教文化做了许多有益的工作。1969 年，释宽成在华天寺圆寂。

释宽成毕生致力于文物收藏，几达痴迷境界。1936 年，他随身携带 36 只箱子，从上海乘船到贵池，下船后，他雇请 18 名青壮年，人人挑着白铁打成的箱子，向九华山进发，箱子里边装的全是他收得的传世佳品。新中国成立后，释宽成将自己收藏的书画大家张大千的《阿罗汉图》，与张大千并称为"南张北溥"的溥心畬的《山水图》，近现代画坛大家冯超然的《水阁纳凉图》，现代画家和美术教育家汪亚尘的《金鱼戏秋图》，现代著名的花鸟画大家张书祈的《双鱼图》，近现代画马高手戈湘岚的《八骏图》，现代画家王珩的《瑶池献寿图》《钟馗骑牛图》，康有为、吴慧源、马公愚、沈寝叟等人的书法墨宝和自己的作品，以及经书、佛像、玉器、瓷器、雷峰塔文字砖等千余件价值颇高的珍贵文物捐赠给国家，现收藏在九华山历史文物馆。

释宽成酷爱兰花，以兰的清雅、孤傲个性及品质，勉励自己精研佛法。他一生诵佛之余，常写诗作画，诗画大都以风姿绰约的兰花为主题。从九华山历史文物馆收藏的九幅《墨兰图》看，释宽成以水墨的技法作兰草，疏花简叶，不求甚工，章法对称而有变化，写出了兰草姿态纯厚而又壮实的质感。在黑色的处理上富有创造性，以浓墨画兰叶，以淡墨表现兰花，笔笔有意，笔笔相应，一气呵成，充分体现了他非同凡响的笔墨功力和对兰花的深刻理解。释宽成用笔写出了兰花的香韵，画出了兰花的精神，丹青技法已达到了一定的水平。他以禅入画，以画悟禅，禅气十足，意境幽远，追求意念中的空灵美，呈现出一种超然物外的特殊气息。人们在欣赏他画的兰草时，总觉得透过纸上那栩栩如生的兰花，能领略到一种难以言状的情趣。他是在咏物言志，借物寓情，抓住兰的自然特性，比拟做人的秉性节操，表达他心目中参禅与笔墨的关系。康有为在游览九华山时，与释宽成相聚数日，参禅习经，论佛谈艺，交流思想，感情日深，欣然在释宽成创作的四幅墨兰上题诗（现存三首），对释宽成的人品、艺技给予了中肯评价：

其一，葳蕤芳姿迈等伦，月明湘水吊诗魂；美人不解离骚恨，纫佩余香伴此身。（诗后文曰：镇颠开士逸性高超，俗尘不染，特出手写墨兰四帧属题并以小诗应之。康有为记）

其二，幽兰空谷艳芳姿，史友常怀入室思；试问阿谁同契好，商山四皓采仙芝。（诗后文曰：自古骚人每以写墨兰寄慨，殊不知写兰非易事耳。南海康有为题）

其三，身居幽谷厌繁华，怕到朱门富贵家；乐得安闲清净里，一生消受是烟霞。（诗后文曰：镇颠开士为余方外友也，得清静理，超脱尘缘，生平喜绘墨兰，得天然之趣。康有为题）

光升传略

　　光升（1876—1963），字明甫，枞阳县麒麟镇阳和村光壁庄人。1903 年，光升来到南京，考入江南高等学堂，"与通都大邑新思新知相接，反清革命之思想，更如脱羁之马，不可复止矣。于是攻顽旧、斥权贵，循至反专制、倡革命。并暗与孙中山、赵声通声气，言行日趋激烈"。1904 年，他与陈祖武、章士钊等策动南京各学堂的进步学生在北极阁集会，反对清廷与俄国缔结丧权辱国条约，号召民众行动起来，推翻清朝的专制统治。此事震动苏、浙、皖等省，被称为"北极阁风潮"。事后光升被开除学籍，潜至安庆，避入求是学堂和崇实学堂任教。1905 年，光升考入日本早稻田大学，攻读政治经济学。经陈独秀、章太炎介绍，结识了孙中山、黄兴，参加了同盟会。

　　1910 年，光升回国后，担任安徽省立法政学堂教务长兼政治教员。他以学校为传播阵地，大力宣传民主革命。1912 年，光升担任安徽省都督府秘书。不久，他与同盟会会员谢家鸿一起，将官立法政学堂、法政讲习所、私立法政专门学堂合并，创办江淮大学，后改为安徽省公立法政专门学校，这是当时安徽唯一的一所高等学校，开安徽高等教育办正规大学的先河。1913 年，光升参与柏文蔚发起的反袁（袁世凯）"二次革命"斗争。1916 年，袁世凯复辟帝制失败，光升来到上海，进行反封建、反军阀残暴统治的斗争。他经常前往孙中山寓所，倾听先生的谆谆教诲，再次追随于孙中山左右，成为最早接受孙中山先生三大政策新思想的革命者之一。1918 年，光升担任《戊午杂志》编辑，并为陈独秀主编的《新青年》杂志撰稿。1920 年春，光升重返安庆，担任安徽省公立法政专门学校校长。他与李光炯、刘希平组织成立"安徽省学生联合会""安徽省教职员联合会"，形成了安徽教育界进步力量的中心。在反抗军阀和争取民主的斗争中，这两个组织发挥了巨大的组织和推动作用。

1921 年，"六二学潮"惨案发生。光升冲进省议会，指着马联甲怒斥道："你屠杀学生，该当何罪？两国交战，对受伤的俘虏尚且送医院治疗，你为何扣压重伤学生不医不放？"马联甲无言以对，大声狂叫："大胆，你是什么人？"光升正气凛然地回答："我是法专校长光明甫。"没想到马联甲上前即封住光升的衣领，劈面就是一掌。光升毫不示弱，逼视凶手，直掴马联甲脸颊，惩以一记响亮耳光。一介孱弱文人，竟敢与手握重兵、狂妄一时的军阀相抗衡，其无畏气概，在当时实属少见。第二天，由光升等发起的"安徽六二惨案后援会"成立，组织了声势浩大的抗议集会，声讨反动军阀屠杀学生的罪行，将反封建军阀独裁暴虐统治、争取民主的斗争推向高潮。在此后的安徽人民进行的反对贿选省议员、驱逐省长李兆珍、推翻贿选的第三届省议会以及废督裁兵等斗争中，光升始终战斗在斗争的最前列，表现了反封建军阀、争民主的大无畏精神，推动了安徽教育革命新运动以及安徽的民主革命运动的发展。1922 年，他被推选为安徽省地方自治筹委会会长。

1924年1月，光升应邀出席了国民党第一次全国代表大会。国民党第二次全国代表大会闭幕后，国民党中央委员会指派光升、周松圃、朱蕴山等9人为国民党安徽省党部临时筹委会（左派）执行委员，光升、周松圃、朱蕴山3人为常务委员。他坚持"三大政策"，与共产党亲密合作，对国民党右派反"三大政策"的反动行径和反共活动进行了坚决斗争。1926年10月，光升随国民党左派安徽省临时党部迁到武昌，参加武汉国民革命政府的工作。他与共产党人真诚合作，在武昌开办安徽省党务干部学校。此时，毛泽东正在这里主办中央农民运动讲习所。光升与毛泽东等中共高层人士相识、共事，并给他们留下了良好的印象。

1927年3月，国民党左派安徽省临时党部由武汉迁回安庆。3月20日，蒋介石来到安庆。22日下午，光升往见蒋介石时，竟在行营门前被鲁班阁总工会下的暴徒围殴打伤。光升愤怒地冲进屋内，面见蒋介石，要求他下令制裁凶手。蒋介石对身边的工作人员说："真有此事？派人去调查一下。"光升义愤填膺地说："今天的事无须调查，他们在你行营前行凶打人，当为总司令亲眼所见。我的衣服，我的伤痕便是真实的证据！请总司令立即查办。（只有这样），我们做党务工作的人才能得到生命的保障，不然，我们个人的生命虽不足惜，我们的党却是站不住脚的。"当晚，光升拒绝在欢迎蒋介石来安庆的宴会上致答谢词，使蒋介石大为尴尬，当即离席而去。

"三二三"事件后，国民党左派安徽省党部在武汉召开国民党安徽省第一次代表大会，光升、朱蕴山、沈子修被选为常务执行委员。3月25日，国民党中央政治委员会任命李宗仁、光升、常恒芳、朱蕴山等8人组成安徽政务委员会，主持皖政，继续与共产党人合作。1927年4月18日，国民党右派安徽省党部在安庆成立，通缉光升、周新民等

100 多人。光升潜逃到枞阳，随后又流亡南京、武汉、上海等地。

1932 年，"一二八"淞沪抗战爆发，光升任淞沪卫戍司部顾问，当时十九路军发布的许多充满抗日激情的文稿、檄文、通电多出自其手。1938 年 3 月，光升、朱蕴山等负责筹备组织的"安徽省民众总动员委员会"成立，光升任宣传部部长。光升与中共地下党人员密切配合，将安徽的抗日救亡活动开展得有声有色。6 月，光升赴汉口出席了第一届国民参政会第一次会议。

武汉沦陷后，光升辗转入川。1939 年 11 月，光升与张澜、沈钧儒、章伯钧等在重庆创建了"统一建国同志会"。皖南事变后，该会改组为"中国民主政团同盟"，并于 1941 年 3 月在重庆特园召开成立大会。1944 年 9 月，又改名为"中国民主同盟"。光升为"民盟"的筹建和发展做了大量的工作，是中国民主同盟最早的发起人之一。

抗战胜利后，光升返回安徽，任省通志馆馆长。1946 年，光升以社会贤达身份，被选为国大代表。他与沈子修、李湘若等在安庆组织民盟皖中工作委员会，开展策反、三劝等各类特殊的活动，支援大军渡江，欢迎人民解放军的到来。

新中国成立后，光升历任安徽省教育厅厅长、省文史馆馆长、安徽省政协副主席等职，被选为安徽省人大代表、全国政协第二、三届委员等。

光升潜心典籍，勤于著述，精于历史语言之学，擅长古典诗词，对法学研究甚深。著有《语故拾零》《衡霍辨·附释潜》《我的读书观》《辛亥尘影录》《论文诗说·论文诗三十首·说七则》《论种性》《法治建国论》等。

1963 年 1 月 1 日，光升因病逝世于安庆，安葬于安庆鸭儿塘凤凰山；1972 年，迁至大龙山灵山石树之巅。

房秩五传略

　　房秩五（1877—1966），名宗岳，号鲁岑，晚号陟园老人，枞阳县白湖乡公塥村人。他刚满 5 岁，即随做塾师的父亲读书；21 岁时，参加县试，成为生员。1902 年初，房秩五来到安庆，入蔡家教馆教书。

　　1902 年春，他与陈独秀、潘晋华、潘赞化等组织起"青年励志学社""集贤诗社"，传播新知，启沃民智，宣传爱国，鼓吹革命。9 月，聘为桐城中学堂学长。陈独秀"几无日不来校"与房秩五"纵谈时事"，指点江山，"极嬉笑怒骂之雄"。1904 年 3 月，房秩五参与了《安徽俗话报》的创办，负责教育方面的编辑。7 月，房秩五东渡日本，学习师范教育，曾编译《教育心理学》《伦理学》两本专著。1905 年夏回国后，房秩五在主持"公立速成师范学校"工作的同时，继续参加《安徽俗话报》的编辑事务。不久，《安徽俗话报》被"中国官厅勒令停办"后，房秩五离开芜湖，先后任桐城中学学监，安徽省教育总会干事，安徽省提学使署学务公所、奉天防疫总局、造币总厂长春开埠局文案，《盛京日报》编辑等职。

1911 年春，房秩五担任《东三省日报》主笔。10 月 10 日，武昌起义爆发。东三省总督赵尔巽为掩人耳目，下令各报不许登载有关起义的消息。而房秩五不顾禁令，不怕凶险，于 10 月 12 日赫然将武昌起义的消息刊于报端，第一个向东北三省人民宣告了这一伟大的革命事件。11 月 20 日夜，赵尔巽派 20 余名便衣闯入报馆，捣毁机器设备，殴打报馆人员，房秩五左臂被打成骨折。1912 年，担任北京政府司法部编辑，主编《司法公报》。1913 年后，先后担任武昌巡按使署秘书、宜昌厘金局局长、交通部视察、北京斋堂煤矿坐办、中意合办华意银行协理等职，曾到营口、秦皇岛兴办实业。

1921 年，房秩五回到安庆，与李德膏、光升等组织反对军阀倪道烺支付 3 百万元的巨款包办安徽省第三届议会选举的丑恶行为，形成贿选派与反贿选的澄清派之间的斗争，这场斗争十分激烈。一日，倪道烺竟指使驻在安庆的旅长史玉俊闯入省长办公室，持枪威胁许世英，要他承认贿选结果。许世英绕桌而走，史玉俊则随后紧跟，房秩五见状，挺身而出，夺下手枪，厉声呵斥，史玉俊仓皇而退。接着，倪道烺继续施加压力，要许世英立即召开安徽省第三届议会，承认贿选的议员。房秩五电告许世英说："为君计，不召（召开安徽省第三届议会）不去（离职），上策；不召而去，中策；召而去，召而不去，同为下策，请酌之。"许世英收到密电后，权衡利弊，审时度势，明确宣布已经贿选产生的安徽省第三届议会议员无效，拒绝召开安徽省第三届议会。

同年秋，许世英任命房秩五担任安徽芜湖道道尹，负责管理皖南所辖 23 县的行政事务。1924 年 2 月，房秩五辞官回乡，择址浮山，建校办学。1924 年 8 月，募得资金 6000 余元，于是年底，建成浮山图书馆；1925 年 2 月，办起了浮山图书馆附属小学；1926 年，在浮山之南麓建起了第一座教学楼；1927 年，改校名为"安徽省浮山公学"，增办

初中班；1931 年，初中与小学分开，初中改名为"浮山中学"；1946
年，将学校定名为"安徽省桐城县私立浮山中学"，增设高中班，发展
成为完全中学。浮山中学由图书馆、小学、初中到高中，历时 23 年，
创办人房秩五多年的办学夙愿终于得以实现。

浮山图书馆附属小学创办之时，校内就有党组织活动，浮山公学建
成后，房秩五聘请了许多共产党员担任教员，不顾一切地掩护中共地下
党的革命活动。第一次国共合作全面破裂后，许多在上海、武汉、安庆
等地的共产党员和进步人士秘密地转移到浮山隐藏，继续从事革命活
动。当时，中共中央巡事员、中共安徽省临委代书记王步文曾化名朱华
到浮山，举办农民运动讲习所，培训农运骨干，领导桐城、庐江、舒城
一带农民运动，一年多的时间里，几乎都住在校董事室。共产党员葛文
宗、童汉璋、章逐明、陈雪吾、周新民等都以浮山公学为活动中心，从
事地下革命活动。中共党员孙炳文在上海遇难后，党安排孙炳文夫人任
锐（中共党员）携带三子（孙宁世、孙济世、孙名世）一女（孙维世）
避居浮山公学。任锐担任图书管理员、小学部常识课教师，孙宁世、孙
维世均在该校读书。在房秩五的全力掩护和照顾下，任锐及其子女在浮
山公学度过了 1 年半的时间。孙炳文的幼女孙新世曾说："感谢浮山人
民，感谢浮山中学和房秩五老先生。当时，国民党要斩草除根，我的家
人无人敢收留，没有房老先生，就没有我一家人。"

1928 年初，中共桐城直属支部成立。2 月间，党支部派吴克正到浮
山公学担任体育教员，在师生中开展建党建团工作，不久即发展了一批
党团员。是年夏，建立了中国共产党浮山公学支部，吴克正被选为书
记。1929 年，吴克正奉命离开浮山公学，郑曰仁担任支部书记，此时
期学校的党组织十分坚强、活跃，计有党员 20 余人。

1968 年 5 月，周恩来在京西宾馆接见曾在浮山中学读书、时任 20

集团军第 27 军副军长朱铁谷时，曾说过这样一段话："浮山中学不同于一般学校，它是当时那个地区（指今枞阳、桐城、庐江、舒城等地一带）革命活动的中心。"房秩五旗帜鲜明地站在革命者和进步人士一边，以其特殊的地位和声望，保护党组织的安全，支持浮山公学师生"笃信共产主义"，开展革命斗争，参加附近地区的武装暴动，使浮山公学成为党的联络站、交通站和安徽省的一块革命根据地，在中国革命史上留下了光辉的一页。浮山公（中）学师生在党的领导下，追求真理，追求光明，一大批学子投身革命队伍，为中国人民的解放事业做出了不可磨灭的贡献。

1951 年 10 月，房秩五作为特邀代表参加了第一届全国政协第三次会议，历任安徽省文史馆员、安徽省人民政府委员、安徽省政协常委、安徽省政协副主席等职；先后被推选为安庆市人代会代表，安徽省政协第一、二、三届委员和安徽省第一、二、三届人代会代表。

1956 年，房秩五整理其一生所写的诗稿，出版了《浮渡山房诗存》。1966 年 12 月 4 日，房秩五因病在安庆逝世。1984 年，房氏亲属及有关部门将他的骨灰安葬于浮山中学校园内。

吴樾传略

　　吴樾（1878—1905），原名吴越，字梦霞，自号孟侠，枞阳县雨坛乡高甸村人。吴樾 8 岁时，母亲陈氏去世，随父亲吴尔康识字读书。从 14 岁开始，吴樾先后 6 次参加县里的童试，但都未考中秀才。1901 年，考入上海"广方言馆"，北上河北保定投靠吴汝纶，吴汝纶将他推荐给清苑县知县金寿民，谋到了清苑县支应局司事的差事。1902 年，吴樾考入保定高等师范，入学第一年就取得了优异成绩，担上了班级班长，学校发给他"品端学粹"牌示，以资鼓励。此时，吴樾常与同窗校友谈国事、论革命，开始"改着短衣，换了鸭舌帽，辫子盘在头上，当时实为保定仅见的服装"。吴樾的思想发生了很大的变化。

　　1903 年 8 月，吴樾、马鸿亮、金慰农、金燕生 4 人来到上海，拜会革命党人陈独秀、张继、杨毓麟等，畅谈民主共和，探求振兴中华、救国救民之道。不久，经杨毓麟等人介绍，吴樾加入兴中会，参与了黄兴、杨毓麟、张继、蔡元培等发起的在爱国学社的基础上组织的军国民教育会。这是一个专门集纳勇于舍身成仁的革命志士、谋划暗杀方案、试制暗杀武器、从事暗杀等活动的革命组织。吴樾回到保定后，组织了军国民教育会保定支部，担任支部部长。在国家内忧外患日益严重的时候，吴樾以天下为己任，忘我地投入到反清革命活动中。

为了启迪民智，唤醒广大民众，灌输革命思想，培养大批革命意志坚定的爱国志士，1904 年夏，吴樾与金慰农等在保定的两江会馆创办了"两江公学"，自己任公学总办并担任教员；1905 年 2 月，创办《直隶白话报》，自任编辑。公学建成后，吴樾不仅把它当成一个培养人才、传播革命的基地，而且还把这里建成为一个商讨革命行动的秘密集合点和联络点。不久，杨毓麟从北京秘密来到保定，帮助吴樾组建了革命团体"北方暗杀团"。在两江公学的翠竹轩内，吴樾、金慰农、杨醒余、马鸿亮、张啸岑、金燕生等人在杨毓麟的主盟下，庄严地歃血宣誓："北方暗杀团的宗旨是：一暗杀，二革命，三宣传。最终目标是：推翻清朝统治，挽救民族危机，建立民主政治的国家。"

吴樾自决定献身革命后，随时都用笔墨记录着自己的革命思想，日积月累，汇集成册，名曰《暗杀时代》，该书共有《暗杀时代》《复仇主义》《革命主义》《敬告我同胞》《与章太炎书》《与妻书》《意见书》等 13 篇文章组成，10000 多字。他在《革命主义》一文中说："若欲驱除强胡，不得不革命；欲保存种族，不得不革命；欲去奴隶之籍，而为汉土之主人翁，不得不革命。"明确表述了自己的资产阶级民主革命的观点。他在《与妻书》一文中，对革命的生死观，作了精辟的、悲壮的阐述："人之生死亦大矣哉！生必有胜于死，然后可生；死必有胜于生，然后可死。可以生则生，可以死则死。此之谓知命，此之谓英雄。"毅然表示："当捐现在之有限岁月，而求将来之无限尊荣。且也以个人性命之牺牲，而为铁血强权之首倡。"明白地表露了自己耿耿爱国的一片丹心和以身报国的坚强决心。

1905 年 7 月 9 日，清廷发布谕旨，派载泽、戴鸿慈、徐世昌、端方、绍英五大臣出洋考察宪政，声称要搞"预备立宪"。杨毓麟得到清廷五大臣出洋考察宪政的消息后，告诉了吴樾，他说："清廷扬言要进行立宪，遣五大臣出洋考察政治，以愚吾民。这样，清廷的统治就可能继续下去，全国的同胞将永远做清朝的奴隶，国家也将永无再见天日的时候了。"吴樾听后愤恨地说："我用炸弹去把那五大臣炸死，以此唤醒民众，使清朝廷的伪立宪破产，使天下志士和百姓坚定倒清信念，若能达到目的，就是牺牲自己的生命也在所不惜。"他在一份具有绝命书性质的《意见书》中写道："立宪之声，嚣然遍天下，以诖误国民者，实保皇会人为之倡，宗旨暧昧，手段恶劣。……（其目的是）欲增重于汉人奴隶之义务，以巩固其（指清朝）万世不替之皇基。……（吴）樾生平既自认为中华革命男子，决不甘为拜服异种非驴非马之立宪国民也。故宁牺牲一己肉体，以剪除此考求宪政之五大臣。……我以区区之心，贡献于汉族四万万同胞，必能协心并力，抱持唯一排满主义之图，建立汉族新国，则某虽死犹生。……我愿四万万同胞，前赴后继，请为之先。"

1905 年 9 月 24 日，清廷出洋考察宪政的五大臣在北京正阳门车站启程。吴樾怀揣炸弹，乔装成随从混进了戒备森严的车站。登上火车后，便迅速地向五大臣专用车厢走去。刚要进入车厢，却被士兵拦住，盘问之时，觉得面生，顿生怀疑。吴樾一面支吾着硬往里闯，一面急急地从怀中掏出炸弹，点着引信，正要向五大臣掷去之时，不料火车发动，车厢砰然相撞，产生剧烈震动，炸弹震落在吴樾面前，随着"轰"的一声巨响，炸弹遽爆，烟雾翻滚，车穿地陷，火车被炸毁了一半。五大臣中，绍英伤了右股，载泽破了头皮，端方、戴鸿慈均受轻伤。吴樾腹破肢断，血肉模糊，当场壮烈牺牲。"五大臣虽未死，然清廷益惊畏于革命党势力，满吏莫不慄慄危惧，惊心动魄，一若革命之炸弹，即将降临及于己之座下者。"

吴樾轰炸五大臣的英雄壮举，破坏了清廷考察宪政的计划，显示了革命党人的声威，表现了爱国志士誓死推翻清廷的决心。这一巨响，声闻九州，震撼环球，被称为"投向清廷第一弹"和"醒华第一声"。孙中山认为吴樾的牺牲："虽云可惜，但是影响于国内外人心者至大。"马鸿亮说："吴樾喋血正阳门之举，虽荆轲之匕，力士之锥，未能命中，然已夺祖龙之魄，振志士之心，声闻全国，名震环球。徐烈士锡麟、熊烈士成基，相继起于皖，黄花岗诸烈士发于粤，武昌义举遂覆清祚，皆此一弹首发其难，有以速成也。"蔡元培谓："吴樾炸五大臣虽然失败，但他所掷出的炸弹的光焰照亮了全国，为辛亥革命的成功做了先导。"陈独秀赞吴樾是"有道德、有诚意、有牺牲精神，由纯粹之爱国心而主张革命"的人。秋瑾的《吊吴烈士樾》一诗中有"皖中志士名吴樾，百炼刚肠如火热"，"爆裂同拼歼贼臣，男儿爱国已忘身"之句。

1912 年 5 月 26 日，在安徽旅京同乡会会长徐谦的主持下，于北京桐城试馆的礼堂里举行了吴樾追悼大会，会后，吴樾弟弟吴楚将其遗体迎回安庆。在吴樾殉难 7 周年的日子，人们为其举行了庄严的葬礼，将他同熊成基领导的马炮营起义时牺牲的 8 位烈士同葬于安庆市西门外鸭儿塘东侧的平头山上。孙中山亲题"皖江烈士墓"碑和撰写祭文，文中有"爱有吴君，奋力一掷"之句。

史逸传略

　　史逸 (1891—1927)，字叔隐，号天山，枞阳县会宫镇晓春村史家湾人。他出世不久，父亲便离开了人间，靠母亲的节衣缩食上了私塾，后来考入桐城中学，接触了新思想，开始关心国家大事。1914 年，留学日本，进入千叶医药专门学校药物系，取得药学学士学位。1918 年，回到中国，在安徽省第一甲种工业学校担任应用化学科主科教员。他经常参加社会活动，积极投身于反帝反封建的爱国运动。

　　十月革命，给中国送来了马列主义；五四运动，为中国展示了革命曙光。向往新生活的史逸，决定辞去教职，到欧洲留学。1922 年 9 月初，史逸与同乡章伯钧、史尚宽、房师亮四人一道离开安庆，来到上海，登上法国"安吉尔斯"号邮轮，离开吴淞口，驶入大洋。同船赴欧洲留学的还有朱德、高语罕、孙炳文、李景泌等十多人。经过一个多月的颠簸，邮轮终于抵达法国马赛港。当天，朱德、史逸等换乘火车来到巴黎，10 月 22 日，又乘车赶到了柏林，与中国共产党旅欧支部负责人周恩来取得了联系，周恩来热情地接待了他们，他们向周恩来表达了自己的心愿，渴望早日加入中国共产党。从此，史逸在中共旅欧支部的直接领导下进行学习和开展工作。

1923 年 5 月 4 日，朱德、孙炳文、史逸等离开柏林，进入哥廷根一所大学学习。在大学里，史逸如饥似渴地研究马克思主义，尤其是周恩来在中共旅欧支部刊物《赤光》上发表《共产主义与中国》《革命救国论》等应用马克思理论研究中国实际问题的文章，对史逸革命思想的形成产生了重要影响。他与朱德、孙炳文朝夕相处，结下了深厚的友谊。在他俩的引导、带动下，史逸积极参加革命活动，在实践中加深了对共产主义和中国共产党的认识，促进了他朝无产阶级革命道路迈进。

1923 年，经朱德、孙炳文介绍，史逸加入了中国共产党。李维汉在《回忆新民学会》一文中说："我们党的老一辈党员中，已经逝世或牺牲的有朱德、李富春、王若飞、陈延年、陈乔年……孙炳文、穆青……何以端、史逸……，都是在旅欧支部参加党的。"这些中国共产党的"老一辈党员"是"中国共产党早期的忠实党员"。

1924 年 1 月，国民党第一次全国代表大会召开，这次大会标志着革命统一战线的形成和第一次国共合作的建立。史逸积极拥护国共合作，坚决贯彻党的决议和指示，以个人身份加入国民党。他在留学生和华侨中宣传国民革命，开展统一战线工作，争取团结更多的华人支持国内的大革命，并与国家主义派、国民党右派展开了面对面的斗争。

1925 年 5 月底，上海发生了英帝国主义枪杀中国学生和工人的五卅惨案。朱德、史逸等旅德的中共党员迅速行动起来，召开旅德华人大会，成立旅德中华民族独立运动委员会，组织了声势浩大的中国留学生和侨胞民众的抗议集会，抗议英帝国主义的暴行，抗议英帝国主义把五卅运动说成是"中国盲目的仇外运动"，声明"五卅运动是中华民族反对帝国主义的民族解放运动"，是中国人民反对帝国主义屠杀和镇压的正义自卫行为。这场声援上海工人、学生和市民的斗争，一直坚持了两个多月。史逸始终战斗在斗争的最前列。

史逸全力以赴投入到党领导的革命斗争的同时，并没有放弃自己的学业，在哥廷根大学获得化学博士学位之后，移居福府，在依格颜料托拉斯组织的化学研究室从事化学研究工作。1926 年 8 月，史逸赴"莫斯科学习了一个短时间"之后，接到中共中央电令，回到祖国。

同年 9 月，受中共党组织的委派，史逸前往当时处于革命高潮中的广州，任国民革命军总司令部军医处处长，投身于大革命运动。十月，他服从党的安排，随北伐军来到武汉，进入武昌中山大学，开展革命活动。大革命失败后，为了保存革命骨干力量，中共中央通知尚未暴露共产党员身份的史逸到国民革命军第二方面军工作，担任第二方面军军医处处长。

1927 年 8 月 1 日，以周恩来为书记的中共前敌委员会及贺龙、叶挺、朱德、刘伯承等率领的两万多党影响下的北伐军在南昌举行起义。史逸得知南昌起义的消息后，立即行动，奔赴南昌，准备参加起义，但因南浔铁路中断，未能如愿。

南昌起义后，国民革命军第二方面军总指挥张发奎下令：共产党员立即离开第二方面军。由于史逸共产党员的身份尚未暴露，中共党组织做出决定，指派他继续留在国民党军队中做地下工作。不久，他随第二方面军南下广州，到广州后，任广州市卫生局局长。

11 月 26 日，中共广东省委根据党中央的指示，秘密召开了有部分省委常委参加的会议，做出了在广州发动武装起义的决定。史逸秘密参加了党的各种活动，把自己的全部精力都投入到起义的准备工作之中，认认真真地出色完成了党交给的每一项工作，尤其在战场救护、伤员治疗、药品准备等方面做了细致而周密的安排。

12 月 11 日，在张太雷、叶挺、恽代英、叶剑英、杨殷、周文雍、聂荣臻等领导下，广州起义爆发。在英、法、美、日等国支持下，张发奎、李福林等调集九个团的兵力，从东、南、北三面围攻广州，战斗十分激烈。起义军未能立即主动向农村转移，损失惨重，张太雷中流弹牺牲，革命群众近 5000 多人惨遭杀害。起义的第二天，国民党第四军军长黄琪翔、广州市公安局局长朱日晖等要员带兵包围了广州市卫生局，逮捕了史逸，将他杀害。他的兄长史推恩得知这一噩耗，非常悲痛，连声说："中国共产党又失去一个人才。"

1954 年 11 月 26 日，朱德在烈士证明书中写道："史逸同志是 1923 年在德国加入留德支部的共产党员，经过党介绍到莫斯科学习了一个短时间，介绍回中国，经过党派往军队做工作。在广东暴动中，被国民党杀了的，是我党的忠实党员。"由毛泽东主席署名，中华人民共和国中央人民政府颁发给史逸烈士家属的光荣证中写道："史逸同志在革命斗争中光荣牺牲，丰功伟绩永垂不朽。"

章伯钧传略

章伯钧（1895—1969），字砺夫，谱名光利，枞阳县横埠镇育才村章家大屋人。章伯钧 7 岁时，父亲溺水身亡，叔叔章良梅、章良侯承担起抚养的重任。他读了几年私塾后，考入桐城中学；1916 年，考入武昌国立高等师范学校英语系；1920 年，被安徽省立第四师范学校聘为英语教员；1922 年 9 月，到德国留学，入柏林大学攻读黑格尔哲学；1923 年初，加入中国共产党。

1926 年，章伯钧回国抵达广州，被聘为中山大学文学院教授，在中共党组织的安排下，以共产党员身份加入国民党，先后任国民革命军总司令部政治部宣传科科长、国民党中央农民部兵农联合委员会主席。1927 年，参加了"八一"南昌起义，并被起义后成立的中国国民党革命委员会任命为总政治部副主任。8 月 5 日，他随从南昌撤离的起义军南下广东，与国民党军队交战失利后，章伯钧经潮州乘船到香港，从此脱离了中国共产党组织。11 月，在上海与谭平山、朱蕴山、张曙时等共同发起组建了"中华革命党"，创办了《突击》和《灯塔》周刊，秘密进行民族民主革命活动。1930 年 8 月，中华革命党改组为"中国国民党临时行动委员会"，选举章伯钧等 25 名干事组成中央干部会，章伯钧兼任中央宣传委员会主任。

1933 年 11 月，章伯钧、黄琪翔、李济深、蒋光鼐、蔡廷锴、陈铭枢共同发动了以抗日、反蒋、联共为目的的"福建事变"，声明脱离国民党，参加生产人民党，成立"中华共和国人民革命政府"（史称"福建人民政府"），章伯钧任经济委员会委员兼委员会所属的土地委员会主任委员。1934 年 1 月，福建人民政府在蒋介石大军围剿下夭折，章伯钧流亡香港、日本。

1935 年 11 月，章伯钧与彭泽民在香港九龙大埔道主持召开了中国国民党临时行动委员会第二次全国干部会议，决定将党的名称由"中国国民党临时行动委员会"改称为"中华民族解放行动委员会"。这次会议，选举章伯钧、彭泽民、黄琪翔等 19 人为临时中央执行委员会委员，指明章伯钧任宣传委员会书记，主持中央工作。这次会议，总的精神是"团结全国，对日作战"，将"同共产党合作，抗日、联共、反蒋，建立抗日民主政权"作为党的总方针，以推动抗日为党的中心工作。1937 年冬，章伯钧等在武汉创办了《抗战行动》和《前进日报》等刊物，成立了"临时工作组"，开展抗敌宣传和发展组织工作。他先后同周恩来、王明分别代表两党在武汉举行会谈，双方一致表示今后应密切配合，共同抗日。

1938 年 3 月 1 日，章伯钧在汉口主持召开了中华民族解放行动委员会第三次全国干部会议，提出实行民主政治，改善人民生活，团结全国人民，坚持抗战到底的政治主张。会议推定章伯钧为总联络人，主持全党工作。6 月，章伯钧被聘为第一届国民参政会参政员。1939 年 9 月，在重庆召开的第一届国民参政会第四次大会上，章伯钧和左舜生、张君劢等联名提出《请结束党治立施宪政以安定人心发扬民力而利抗战案》和《改革政治以应付非常局面案》，强烈要求结束国民党一党专政，在政治上彻底开放，实现民主宪政，让人民群众真正感受到自己是国家的主人，激励全民积极投入抗战，争取抗战的最后胜利，并在战后将中国建设成为一个民主的国家。

1939年11月，章伯钧、沈钧儒、邹韬奋、黄炎培、张澜等，共同发起成立"统一建国同志会"。皖南事变发生后，将"统一建国同志会"改组为"中国民主政团同盟"。1941年3月19日，"中国民主政团同盟"在重庆特园秘密召开成立大会，章伯钧被推为中央常务委员和组织部部长。11月16日，张澜、左舜生、罗隆基、章伯钧四人出面在重庆临江路俄国餐厅举行招待会，公开了中国民主政团同盟组织。1944年9月10日，"中国民主政团同盟"改名为"中国民主同盟"，章伯钧被推选为中央常务委员，并任中央组织委员会主任委员、民盟重庆支部主任委员。

1944年9月24日，章伯钧与沈钧儒等召开了近千名党内外著名人士参加的"民主宪政促进大会"，提出"实行民主，挽救危机"的行动纲领，热烈响应中共提出的"结束国民党一党专政，建立民主联合政府"的号召，坚决支持、配合中国共产党进行斗争。

为了促进国内的团结与进步，黄炎培、章伯钧等做出了到延安访问、商谈国事的决定。1945年7月1日，章伯钧与褚辅成、黄炎培、左舜生、冷御秋、傅斯年6位参政员抵达延安，毛泽东、朱德、周恩来、林伯渠等中共领导亲往机场迎接。7月3日，毛泽东和周恩来专门约见了章伯钧、左舜生。章伯钧等人的延安之行，扩大了中国共产党在各民主党派中间的政治影响，并通过努力协商，找到了民主建国的基本共同点。回到重庆后，他积极配合中国共产党的斗争，反对国民党单独召开国民大会，并断然拒绝参加 7 月 7 日在重庆召开的国民参政会，产生了很大的政治影响。

1945 年 8 月 29 日，国共开始谈判。章伯钧于 9 月 15 日发表了对时局的谈话，他积极主张全国各党派共同和平建国，实现民主，反对内战，在政治上与中国共产党保持一致。1946 年 5 月，章伯钧来到上海。6 月，蒋介石在美帝国主义的扶持下，公然撕毁《政协决议》和《停战协定》，发动了全面内战。对于当时的局势，章伯钧坚定地表明了自己的态度和立场，明确表示要"继续同共产党合作，把民主革命进行到底"。他频繁奔走斡旋于各党派团体之间，呼吁全国人民共同努力，争取和平民主，制止内战，挽救危局；呼吁中国人民和美国人民行动起来，共同抗议美帝国主义干涉中国内政，与美蒋进行针锋相对的斗争，彻底推翻蒋介石的统治。1947 年 1 月，章伯钧担任民盟上海市支部主任委员。

1947 年 2 月 3 日，章伯钧在上海愚园路联安坊 11 号主持召开了中华民族解放行动委员会第四次全国干部会议，决定将中华民族解放行动委员会正式易名为"中国农工民主党"，决定全面支持、配合中共进行的"策反、组织武装斗争"等各种倒蒋反美活动。在这次会议上，章伯钧当选为中央执行委员会常务委员、主席。1947 年 10 月，国民党下令解散民盟，章伯钧秘密前往香港，继续进行民主活动。

1948 年 1 月 5 日，章伯钧和沈钧儒在香港主持召开了民盟一届三中全会，鲜明地提出了反蒋、反美和反封建，支持人民武装斗争，拥护土地改革的政治主张。庄严宣布：民盟由"中立"的"第三者"转向同共产党"实行密切的合作"，推翻国民党独裁统治，建设民主、和平、独立、统一的新中国。会议决定主席一职由沈钧儒、章伯钧以中央常委名义轮流代理，负责领导全盟工作。

1948 年 5 月，章伯钧和沈钧儒代表民盟，与在香港的其他各民主
党派负责人及无党派爱国人士，联合致电毛泽东主席，响应、拥护中国
共产党召开新政协、成立民主联合政府的号召。9 月，应中共中央的邀
请，章伯钧离开香港来到东北解放区，参加新政协的筹备工作，29 日
到达哈尔滨。

1949 年 1 月，章伯钧与沈钧儒等 55 位各民主党派负责人及其他民
主人士发表了《我们对时局的意见》，宣布愿意在中国共产党的领导下，
团结一致，将革命进行到底，与中共共同建立民主联合政府。这就为筹
备新政协作了政治上和思想上的准备。3 月 5 日，中国民主同盟中央临
时工作委员会在北平正式成立，章伯钧被推选为委员，并由他和沈钧儒
负责主持中央盟务。6 月，他作为民盟代表之一参加了新政治协商会议
筹备会议；民盟筹备的中央机关报《光明日报》创刊时，章伯钧任
社长。

新中国成立后，章伯钧历任中央人民政府政务院政务委员、中华人
民共和国交通部部长，全国政协第一届、第三届常委和第二届副主席，
中国农工民主党第五、第六届中央委员会主席，中国民主同盟中央常务
委员、中央政治局委员兼秘书长、副主席等职。

1969 年 5 月 17 日，章伯钧因病在北京逝世，骨灰于 1982 年 11 月
被安放进北京八宝山革命公墓。

刘棣怀传略

　　刘棣怀（1897—1979），原名刘昌华，枞阳县汤沟镇陈家洲人。幼时在祖父刘德元的督教下读书识字，于书无所不观。13 岁时，他离开陈家洲，来到南京，与在此工作的父亲刘安农住在一起。他进入北营小学读书时，常至夫子庙看围棋对局，兴趣很浓，半年之后已经能够与往来棋客对弈争胜。

　　南京石坝街古寺高僧释可慧，是中国古典围棋的传承者。他十分喜欢纯真要强的刘棣怀，便不时地授以弈理，同他对弈，时间长了，刘棣怀棋艺大进。释可慧也惊异地发现，年少的刘棣怀悟性很高，思维敏捷，小小年纪常能走出几步出人意料的妙着，是一个难得的围棋苗子，于是便将刘棣怀收为弟子，传授毕生所学。16 岁时，刘棣怀连挫南京和江苏棋界的不少名家，开始一点点地展现自己的功力，在棋坛崭露头角，令人刮目相看。释可慧曾评价刘棣怀：聪颖好学，深沉静气，器量深不可测，日后定有大成也。1916 年，随父迁居北京，考入京城一所商业专科学校。他与当时棋坛名将段祺瑞、汪云峰、顾水如、李律阁等纹枰对局，切磋棋艺，名气渐高，扬名棋坛，乃有"围棋大将"之称。

1917 年 5 月，父亲刘安农因蠲职犯事而锒铛入狱，祖父刘德元抱恨而终，薄情寡义的继母离异而去。为了活下去，年仅 20 岁的刘棣怀以棋手的身份开始了他的职业生涯。他拎着沉沉的棋具，出入"海丰轩""润明楼"等茶楼酒肆，经常不分昼夜地用棋艺"赌彩""帮彩"，挣得几个彩钱糊口度日。他在家破人亡、生计窘迫的困境中，含辛茹苦，依靠顽强的毅力持之以恒，求艺不止，通宵达旦地同不同棋路、不同棋风的高手、名家手谈对局，切磋棋艺，取得了惊人的成绩，在北京棋坛独树一帜，进入了一流棋家的行列，赢得了"一子不舍刘大将"的美誉。

1922 年，刘棣怀与来京卖艺的保定姑娘牛淑兰邂逅，通过了解与相爱，他们结婚了，两年后喜添一女。在北京生活的这段时间，刘棣怀偶尔接触了一些日本棋手，对日本先进的棋艺技术有所领悟。

1926 年 8 月，刘棣怀以傲人的成绩战胜了日本六段棋手岩本熏，声名大振。他深受中国古典围棋的影响，棋风剽悍，行棋快速锐利，隐隐之中有金戈铁马之气，时人以"铁马长枪"赞之。日本棋院发表的《中国围棋之现状》一文认为，如果将中国棋手按日本九段划分，共有九段二人：顾水如、刘棣怀。刘棣怀通过长期磨砺后，已经走出了国界，成为国际棋坛上有一定影响的名手。但在当时大动荡的中国，一流棋家刘棣怀为了饭碗，仍频繁地出入茶馆酒楼，卖棋下彩，挣得几个熬糊煮粥的彩钱。

刘棣怀的高超棋艺和他的艰难处境，引起了日本棋界的注意。日本棋手高步道平以棋友的身份拜访刘棣怀，交谈中，他备述日本对围棋的重视以及两国棋手在地位、待遇等方面的差距，动员刘棣怀到日本去。他保证刘棣怀如移居日本，服务于日本棋社，更能充分施展自己的才华，将会大有作为，并能得到优厚的待遇。这对一个潦倒困顿、酷爱围棋的棋手来说，无疑是一种强烈的诱惑。但刘棣怀毅然决然地谢绝了。刘棣怀不失民族气节，甘于艰苦，甘于淡泊，其赤诚的爱国之心，高尚的人格魅力，为世人所称颂。

1928 年，刘棣怀南下上海谋生，在一年的时间里，先后战胜了声名赫赫的棋坛强手潘朗东、张澹如、过惕生、余孝曾、吴祥麟等，最后只剩下上海棋坛盟主王子宴了。

1929 年 11 月，王子宴、刘棣怀之战终于拉开了大幕。王子宴，基础扎实，功力深厚，熟悉各种流行的日本棋局，下棋时计算精密，成熟稳健，步步为营，没有明显的漏洞，称雄南方棋坛多年。开局之初，刘棣杯趁对方立足未稳，大胆出击，以"大旗十乘"之法制造出复杂多变的混乱局面，乱中寻找战机，进入中盘，以其擅长的中国古典棋道，雄猛冲出，掌握主动权，控制局面；王子宴稳扎稳打、步步为营的战术如圩堤决口，陷入被动的困境。这场风格迥异而又竭尽心智的较量一连持续了 12 天，每 3 天 1 局，合计 4 局，刘棣怀以 3 比 1 取胜。刘棣怀显威于兵多将广、强手云集的上海棋坛，取得了我国南方棋坛盟主的地位，与北方围棋国手顾水如并称为"南刘北顾"。

1935 年，刘棣怀回到南京，被"公余联合社"聘为围棋教练。不久，他创办了"南京围棋社"。抗日战争时期，他离开南京，流浪到重庆、贵阳，组成中国围棋总会。抗战胜利后，刘棣怀回到上海，组织了上海围棋社。他怀着对民族、对事业的责任感和使命感，抱着让民族的"围棋生命"倔强地存活、发展下去的信念，不张扬却无比坚定地引领着中国围棋往前行进，始终是我国围棋界的领军人物，与顾水如、魏海鸿、陈藻藩并称为"中国四大棋家"。

新中国成立后，刘棣怀任上海文史馆馆员。1952 年 3 月，在上海首届围棋友谊赛上，刘棣怀位居第二。1957 年 8 月，上海市举行第二届围棋赛，共有 80 人参加，刘棣怀夺得第一名，被上海围棋界公推为"标准四段"。1958 年，他代表上海参加在广州举行的全国围棋友谊赛时，以 8 战 7 胜的优异成绩夺取冠军。

1959 年 9 月，第一届全国运动会在首都北京举行。在围棋比赛中，刘棣怀一路拼杀，一次次锁定胜局，闯进了决赛。争夺冠军的那场比赛，异常激烈，扣人心弦。比赛由布局进入中盘后，双方好手连连，无不把逼对方犯错的本事用到极点，就这样，胜负的天平来回摇摆，牵动着观战者的心上上下下。在来回三度逆转形势后，刘棣怀突来灵感，神情焕发，才思敏捷，抓住战机，巧用定式，善于复盘，投子凶横，招招见效，瞬间便占了上风，确定了优势，夺得了中华人民共和国第一届全国运动会围棋冠军。

1960 年 6 月，日本围棋代表团首次访华，与中国棋手在上海、杭州、北京等地的 35 局比赛中，我国棋手负 32 局，和 2 局，仅胜 1 局，这所胜的 1 局，就是刘棣怀对濑川良雄八段之战的获胜。刘棣怀不愧为"中国棋坛不可多得的元老和将才"，他出色的状态令人钦佩，杰出的表现让人惊异，创造了当时中国围棋领域的一个奇迹，显示了刘棣怀韧强莫当的棋艺风格，凸现了中国传统围棋的精深与厚度。

1962 年，刘棣怀以中国围棋代表团副团长身份出访日本。同年 11 月，当选为中国围棋协会副主席。1964 年，国家体委授予他"五段"称号，成为当时全国棋界最高段位者。1979 年 11 月 28 日，刘棣怀因病逝世。著有《怎样下围棋》《围棋官子常识》，与人合著《围棋布局初步》。

朱光潜传略

　　朱光潜（1897—1986），又名孟实，枞阳县麒麟镇岱鳌村人。朱光潜早年先后就读于桐城中学、国立武昌高等师范学校。1922 年香港大学毕业后，先后在上海吴淞中国公学中学部和浙江上虞白马湖春晖中学教英文。1924 年，在白马湖写出了第一篇美学文章《无言之美》，曾与丰子恺、叶圣陶、夏衍等人在上海江湾创办了立达学园。1925 年，朱光潜赴欧洲留学，先后就读于英国爱丁堡大学、伦敦大学，法国巴黎大学、斯特拉斯堡大学，获得爱丁堡大学的文学硕士学位和斯特拉斯堡大学的文学博士学位。他全面博览西方的学术文化，于文学、美学、哲学、心理学钻研尤深。1933 年，朱光潜回国，任北京大学外文系教授。1936 年，与胡适、沈从文、顾颉刚等人共同发起成立"中国风谣会"，曾担任《文学杂志》主编。1937 年，任四川大学文学院院长，曾被当选为中华全国文艺界抗敌协会理事。抗战胜利后，任北京大学外文系主任、文学院代理院长。新中国成立后，历任北京大学一级教授，中国人民政治协商会议第二至五届全国委员会委员和第六届常务委员，中国民主同盟第三至五届中央委员，中国社会科学院学院委员，中国文学艺术界联合会委员，中国作家协会理事、顾问，中国美学学会会长、名誉会长，中国外国文学会常务理事等职。1986 年 3 月，朱光潜在北京逝世。

朱光潜具有中西合璧的丰赡学养，多维的知识体系，洋洋大观的著述。先后出版和完成了《给青年的十二封信》(1929)、《变态心理学派别》(1930)、《谈美》(1932)、《悲剧心理学》(1933)、《变态心理学》(1933)、《文艺心理学》(1936)、《诗论》(1943)、《我与文学及其它》(1943)、《谈修养》(1943)、《谈文学》(1946)、《克罗齐哲学述评》(1948)、《美学批判论文集》(1958)、《西方美学史》(1962)、《谈美书简》(1980)、《美学拾穗集》(1980)、《艺文杂谈》(1982) 等论著。

《给青年的十二封信》是朱光潜的第一本著作，同时也可以说是他的成名作。他以自己的亲身经历和独特的感受与见识，在书中与青年们谈读书、谈修养、谈作文、谈社会活动、谈开学选课等青年人十分关心的问题。文笔优美，说理透彻，见解独到，玄思妙想，娓娓道来，亲切自然，深入浅出，趣味横溢，循循善诱，别具一格，非常贴近当时青年人的生活环境和思想感情。夏丏尊在书的"序言"中说："作者那笃热的情感，温文的态度，丰富的学殖，无一不使和他接近的青年感服。"罗大冈读之，就为其"广博的知识，明净高洁的文风"深深吸引，惊呼："我碰到真正的老师了！"这本书出版后，成为当时一本最畅销的书，反响之强烈，流传之深广，是民国时期出版业的一大景观。50 年后，舒芜回忆起当时这本书的畅销，曾深情地说："我现在还清楚地记得开明书店出版的这本书，那素雅的装帧和封面，至今在记忆中还有亲切之感。朱先生用他的清澈条畅的文笔，就当时青年普遍关心的人生、理想、道德等问题，娓娓谈心，深入浅出，恐怕现在重看还会觉得是上乘的散文佳作，因此我很宝重它，常常翻读……三十年代青年知道先生的名字，大多是因为这本《给青年的十二封信》。"

《文艺心理学》，1936 年由开明书店出版。朱光潜在该书中的"作者自白"里说："以往的美学家大半心中先存有一种哲学系统，以它为根据，演绎出一些美学原理来。本书所采的是另一种方法。它丢开一切哲学的成见，把文艺的创造和欣赏当作心理的事实去研究，从事实中归纳得一些可适用文艺批评的原理。"在这本书中，他详细介绍分析了西方主要美学理论，如克罗齐的"直觉说"、布洛的"距离说"和里普斯的"移情说"，还介绍了近代实验美学。这些理论不仅在当时产生了很大的影响，而且还一直影响到今天。著名散文家朱自清当年评价《文艺心理学》时指出："孟实先生是有主张的。他以他所主张的为取舍衡量的标准，折中和引申都从这里发脚。有他自己在里面，便与教科书和类书不同。他可是并不偏狭，相反的理论在书中有同样充分地位，这样的比较其实更可阐明他所主张的学说。"

1962 年，朱光潜编著的《西方美学史》由人民出版社出版发行。为写这部书，他系统翻译了大量西方美学史的资料，书中的绝大部分引文和资料，都是经他翻译首次与中国读者见面。在这部专著里，他以马克思主义为指导，介绍评析了西方美学史上各主要历史时期的主要代表人物的美学思想。这是我国第一部全面系统地阐述西方美学思想发展的专著，代表了迄今为止中国对西方美学研究的最高水平，极大地推动了中国美学教学和研究工作。

朱光潜在《谈文学》"序"里强调自己写作时"一不敢凭空乱构，二不敢道听途说，我想努力做到'切实'二字"。在《谈修养》自序中申述："我信赖我的四十余年的积蓄，不向主义铸造者举债。"他还多次说他谈艺论道的文字，"主要的是我自己学习文艺的甘苦之言"。这就点出了朱光潜著作的一个重要特点：其做学问不只是从书本到书本的知识汇聚，同时也饱和着他对人生世事的感悟和体验。也就是说，朱光潜所谈的种种理论和思想，多是自己在文艺圈和人生场中的感受、体悟。每每对人生和艺术的所感、所悟，决不率尔成文，而是通过揣摩、思考、深思明辨，把自己的看法放在古今中外的学术长河中比照、考察、定位，于是综合各家学说，并根据自己的观点吸收其营养修正、补充，完善自己的见解。不蹈故常，不依陈说，直探原典，自取精华，不仅以他的心智对中外的丰富知识进行了提炼，更以他的性情对人生世事和文学艺术多有独到体验和发现，富有他自己的独特见识和神采。既不失兼容各家的长处，又富有自己的学术洞见，还注意不断寻求，不断变化更新，最终铸成一部既有自己思想又平正通达的著作。

"朱光潜通过长期的锤炼，造就了他一支如神的妙笔，一篇篇充满语言文字魅力的佳作，锦章妙句层出不穷，读着这份丰盛的精神美餐，不知不觉地如入进了宝山，从中获得珍宝，得到教益，受到智慧的启迪和人生的洗礼。"他的作品，兼得儒家"温柔敦厚"之风和道家"超然飘逸"之气，又伴以吸收西方文化精华而吐出的芬芳，具有一种意深而语淡，情切而气和的大家品格。既是在探讨严肃的美学和文艺理论的学术问题，又常常是在谈论人生哲理，时时给人超出学术之外的启迪。他的许多著作，素以文笔洗练优美，资料翔实可靠，见解独到精辟，语言准确朴实，说理清晰透彻，评析博洽明达，行文流畅老辣，而蜚声于海内外学术界。

体系严整的学术专著在朱光潜一支如神的妙笔下，其语言魔力也不稍减，具有夺人的魅力。所谓文体之美，文章之美，朱光潜是得其精髓，极为擅长的，因之被目为真正的"大手笔"。朱自清在为朱光潜《文艺心理学》写的序言中称道："这部《文艺心理学》写来自具一种'美'，不是'高头讲章'，不是教科书，不是咬文嚼字或繁征博引的推理与考据，它步步引你入胜，断不会教你索然释手。……全书文字像行云流水，自在极了。他像谈话似的一层层领着你走进高深和复杂里去。他这里给你一个比喻，那里给你一段故事，有时正经，有时诙谐，不知不觉跟着他走，不知不觉地到了家。"

朱光潜精通英文、法文、德文，俄文，先后翻译、注释了《美学原理》（克罗齐）、《艺术的社会根源》（路易·哈拉普）、《美学》（黑格尔）、《文艺对话集》（柏拉图）、《拉奥孔》（莱辛）、《歌德谈话录》（爱克曼）、《经济学哲学手稿》（马克思）、《新科学》（维柯）等大量西方名著。他将从古希腊一直到近现代的一系列西方美学代表人物和著作，源源不断地介绍到中国，是西方美学理论最有力的译介者。他翻译的名著、名篇，常常对照着英、法、德、俄四种文字的版本，去琢磨原作真义，因此在"信、达、雅"三个方面，都超出过去翻译过的同类著作。胡乔木曾说："朱光潜为了给我国的美学研究者创造条件，努力翻译了大量的欧洲美学著作。……他在解放以后年龄已经不小，能用这样大的精力来翻译这些多数是难译的巨著—尤其是在经历十年浩劫以后晚年所译的维柯的《新科学》，这是使我极为敬佩的。这表示他对于祖国的热爱，对于祖国文化界的热爱，对于马克思主义的热爱。我想，在这个领域，我实在说不出第二个人来。"

朱光潜"坚持马列第一义"，主张"美是主客观的辩证统一"，并以"马克思主义美学实践观点"和"整体的人的全面发展观点"不断丰富发展这一主张，创立了自己的美学理论体系，形成了一个颇有影响的美学流派，沟通了五四以来中国现代美学和当代美学、旧的唯心主义美学和马克思主义美学、西方美学和中国传统美学，成为中国美学史上一座横跨古今、连接中外的桥梁。

钱念孙在《求古探今　融汇中西——朱光潜先生逝世十周年纪念》

一文中写道："（中国）美学大厦的真正营造，始于朱氏（指朱光潜）之掌。他灵心慧眼，博采西方美学之花；妙手剪裁，嫁接中国传统之木。国人之有详赡系统美学专著，朱先生《文艺心理学》和《谈美》，开风气之先；华夏之有真正美学课程，他绛帐北大清华，居杏坛之首。六十年代，第一部《西方美学史》出现于中文世界，其博及群书，深思明辨，神而化之，熔铸伟词，至今无有企及者。更有柏拉图《文艺对话集》、莱辛《拉奥孔》、爱克曼《歌德谈话录》、黑格尔《美学》、克罗齐《美学原理》、维柯《新科学》等，这一本本西方美学经典译著，含英咀华，珠玉纷陈，搜异域奇花灵果，筑中土美学园囿，泽深思重，功垂不朽。读中国现代美学史，朱先生经过六十年风风雨雨之考验，从未流于偏激，却时时处学术先锋，实事求是，表率群伦，其披荆斩棘之作用，中流砥柱之地位，迄今无人取而代之。"汝信在《朱光潜先生留下了什么》一文中说："光潜学贯中西，在哲学、美学、文学、心理学、文化艺术方面都有渊博的学识和很深的修养。……美学作为一门专门的学问，能够在中国得到普及和发展，是和他的名字分不开的。从他早年的《悲剧心理学》《文艺心理学》《诗论》到后来的《西方美学史》《谈美书简》和大量美学论文，都凝聚着他长期潜心于美学研究的心血，堪称我国美学研究发展中不同时期的有代表性的著作。西方美学思想在我国的介绍和研究，在很大程度上也有赖于他的努力。柏拉图的对话、莱辛的《拉奥孔》、歌德的谈话录、黑格尔的美学、维柯《新科学》和克罗齐《美学原理》这些必读的西方美学名著，正是通过他的流畅的翻译和精辟的评述而为广大读者所熟悉。作为一位学者，如果能像光潜先生那样为后人留下这么一份宝贵的文化财富，应该说也就不虚此生了。"因此，学术界甚至有这么一说："朱光潜翻译到哪里，中国现代美学便进展到哪里。"

　　朱光潜是中国大量翻译介绍西方美学经典著作的第一人，他的美学研究，把尚处于萌发状态的中西比较美学向前推进了一步，使中国传统美学获得新的生命。他在美学理论的翻译和介绍、美学史的总结与阐释、美学的著述和研究等诸多领域，充满探索精神和个性特征，均处于学科的前沿状态。他的美学思想代表了中国现代美学的最高水平和发展轨迹，为当代中国美学走向科学开创了一条新路，为中国美学事业的建设和发展做出了巨大的开创性的贡献。

何其巩传略

　　何其巩（1899—1955），字宗诚，号克之，枞阳县枞阳镇古塘村何徐庄人。何其巩幼从父读，少年时，拜学者何椿茂为师，对诗文、书法产生了浓厚的兴趣。后以优异成绩考取桐城中学，毕业后，先后进入江淮大学和安徽省立第二甲种农业学校学习。不久，当选为安徽学生联合会主要负责人、芜湖市学生联合会会长和芜湖市各界联合会代表，成为安徽早期反帝、反封建爱国民主运动的骨干成员。

　　1920年11月，在冯玉祥身边担任文书，两年后提升为秘书。1924年10月，参加了冯玉祥发动的"北京政变"。1925年3月，任中华民国西北边防军总部督办秘书；是年底，何其巩奉冯玉祥之命，作为先遣人员，与苏联方面商讨冯玉祥访苏事宜。1926年3月20日，他作为冯玉祥的机要秘书随同冯玉祥赴苏联考察。1926年9月，加入国民党，任国民军联军总司令部秘书长，何其巩进入了西北军高级将领之列。五原誓师后，何其巩与在西北军内担任重要职务的刘伯坚等200多名中国共产党员，接触频繁，配合默契，彼此结下了深厚的友谊。1927年至

1928 年间，历任国民革命军第二集团军司令内防处处长、豫南行政长官兼民团军军长、第二集团军总代表。1928 年 6 月，何其巩与白崇禧共同指挥第二集团军韩复榘部攻克北京南苑。

同年 6 月 25 日，国民党中央政治会议第 155 次会议决定，任命何其巩为北平特别市市长，成为北平设市后的首任市长。他到任后，整顿吏治，一切工作统一于市政府之下；首创市政会议制度，创建完备的行政职能部门；创建有效的社会监督和约束机制，努力建立一个清正廉洁的市政府；冒风险主持修建"三一八"烈士公墓，为死难的烈士举行公葬；将中央公园易名为中山公园，树立滦州起义烈士施从云、王金铭铜像；向国民党北平政治分会提交了"筹拟收回使馆界行政权案"，是"北京近代史上正式提出收回北平使馆界行政权的第一人"；首次提出了北京由消费城市向生产城市转化，实施工业兴市、工业强市的发展战略；成立北京历史上第一个贫民救济机构——北平特别市贫民救济总会，关心社会底层贫民的生活和处境……何其巩在担任首任市长期间，"朝日从公，晚间若无他事，恢复到府一次，忙至深夜乃归，星期日亦不休息"，花费大量精力做了许多有益的、有影响的开创性工作。

1929 年 5 月，何其巩卸任北平特别市市长后，历任国民政府财政委员会秘书长，安徽省教育厅厅长、财政厅厅长，北平政务整理委员会秘书长等职。

1936 年 9 月，何其巩被任命为中国大学第 8 任校长。他刚到任，即与校内的中共党组织一起，组织了一次又一次大规模的"抵制日货、服用国货"的运动，出版了"论集体研究"丛书，把北平的抗日救亡运动推向了新的高潮。"中国人民大学就像北平学生运动的根据地一样，姚依林同志领导的北平学生联合会、民先总队、华北各界救国会、东北抗日救国会等进步组织都搬到中大来了"，"标志着中国大学已成为中国共产党领导的抗日阵地"。

1937 年"七七"事变后，北平沦陷。国民政府教育部指定中国大学留在北平继续办学，"作造就沦陷区青年遣往内地之枢纽，并以掩护地下工作人员机关"。中共中央北方局通过杨秀峰向何其巩转达了中共中央意见，希望他留在敌占区为人民做工作。何其巩毅然承担了坚持地下斗争的重任。"何其巩先生凭着复杂的社会关系和高超的政治手腕，纵横捭阖，与敌伪周旋，和魔鬼打交道"，坚持在沦陷区办学，在沦陷区号召抗日，在沦陷区坚持斗争。

何其巩在担任中国大学校长期间，坚持"我们是中国人的中国大学"和"我们是为教育而教育"的办学方针，坚决阻止日伪势力侵入中国大学。"八年之间，董事会及一切机构无变动，一遵教育部旧制办理，未受敌伪支配"，没有接受日伪一分钱，从未悬挂日伪旗帜，没有任命一个日伪人员，课程内容、课程设置都丝毫没有"大东亚文化"和"王道乐土"的痕迹，院内也没有一条宣传"大东亚文化"之类的标语，所发证书从未加盖伪印。留居平津的各大专院校的一大批坚持民族气节、不为敌用、不与日伪合作的教师纷纷被何其巩延揽到中国大学任教。中国大学不仅成为沦陷区的一片"净土"，而且抗日活动更开展得异常活跃。知名教授学者争以任教中国大学为荣，爱国学子争以就读中国大学为耀，中国大学"由六系而扩充为九系，完成大学组织，学额增至三千余人"。"教职员等抱苏武不屈之节，耻卫律附逆之行，埋头于教室之中，授诸生以报国之秘，以备缓急之需。故历届毕业生或未毕业各生，受其熏陶，激于义愤，冒锋镝之险，忘奔驰之苦，相率而赴后方效命者踵相接"。中国大学发展成为沦陷区的一块抗日教育基地，为国家培养了一大批具有高尚品德和抗日救国精神的优秀青年。

在何其巩的领导下，中国大学一直是中国共产党在日军侵华心脏地区的重要活动基地。何其巩任命中共中央北方局派往北平坚持地下工作的张德懋担任中国大学图书馆馆长，与中共中央北方局建立了秘密通道；他与主持中共北平联络局工作的王定南并肩战斗，通过各种渠道和不同的途径，广泛了解华北敌伪动向，及时通报许多有价值的情报。何其巩"为北平联络局工作，作了很多惊人（的）贡献"，成为中国共产党了解华北敌伪动态和军事行动的一条重要渠道。1938年初，在中共党组织的安排下，何其巩出面牵头组织抗日统一战线机构——北方救国会。这个秘密的情侦机构由中共党员、国民党员、国社党成员和无党派进步人士共十几人组成。组织的核心是常务理事何其巩、张东荪、王定南，何其巩为理事长，张德懋为秘书长。在成立大会上，何其巩发表了《驳〈日本近卫首相声明〉的声明》，这个声明，由林迈克交给路透社，发到了英国伦敦发表，全世界都听到了来自日本占领区反对日本帝国主义侵略的声音。1943年，八路军总部保卫部派中共党员白羽到中国大学工作，她和余琦及他们发展的党员，在中国大学组建了党支部，白羽任支部书记。中国大学的共产党员赵元珠在中国大学和育英中学等学校中发展成员，组建了中国大学民先队。民先队成立后，为抗日根据地输送了大量的人才。张德懋、王定南、蓝公武、陶守文、王之相等抗日勇士被日本宪兵队逮捕入狱，何其巩则利用各种条件开展营救，为掩护、保存和发展抗日力量做了大量有益的工作。1944年4月5日，何其巩被日本宪兵队逮捕，关进煤渣胡同监狱，因与无数抗日案件有关联，何其巩自忖必死，便拒绝一切讯问，断然以绝食相抗。慑于他的社会地位和社会影响，4月12日，日本宪兵队不得不将其释放。

1945年8月14日，日本天皇宣布无条件投降。8月18日，国民政府任何其巩为军事委员会委员长驻北平代表。何其巩到任后，下手令，将日伪关押的中共党员、抗日志士和爱国青年全部释放，并组织相关组织和进步人士入狱慰问。对何其巩释放共产党员一事，蒋介石非常不满。1945 年 10 月，何其巩被解职，此后未再被蒋介石任命任何职务。

1948 年秋，国民党军政要员纷纷南逃，何其巩坚持留在北平，并与中共华北局保持联系，迎接解放。1949 年，何其巩挺身而出，说服傅作义率部起义，是促进北平和平解放的功臣。

1955 年 10 月 17 日，何其巩因病逝世，葬于北京福田公墓。

方东美传略

　　方东美（1899—1977），原名方珣，号德怀，曾用名东英。1899 年
2 月 9 日出生于枞阳县义津镇双兴村大李庄。方东美"三岁始读《诗
经》"，"十二岁就读完了《十三经》"，14 岁，考入桐城中学。1917 年，
考入金陵大学预科第一部，次年升入文科哲学系，曾任金陵大学学生自
治会会长、金陵大学学报《金陵光》总编辑、金陵大学中国哲学会主
席。1919 年 11 月，方东美加入"少年中国学会"；与左舜生、黄仲苏
等人共同创办"少年中国学会南京分会"。1921 年 8 月，方东美赴美留
学，入威斯康星大学攻读哲学，不久，转入俄亥俄州大学，研究黑格尔
学说。1923 年 6 月，加入"中华平民教育促进会"。1924 年春，获得博
士学位。同年夏回国后，历任武昌师范大学、东南大学、中央大学、金
陵大学哲学教授。1937 年，任中央大学哲学系主任，并兼任哲学研究
所所长。1947 年，到台湾处理"二二八"事件善后事宜。1948 年，受
聘于台湾大学，任教授、哲学系主任和哲学研究所所长。1959 年后，
多次赴美，在美国各大院校讲授中国哲学，先后任南达科他州立大学、

密苏里大学、俄亥俄奥柏林大学神学院、密西里大学访问（客座）教授。1973 年 6 月，方东美在台湾大学退休后，奔走各地，频频授课演讲；传道授业，培养哲学新人；著述不止，鸿篇连连面世。1977 年 7 月 13 日，方东美因患癌症逝世，他的儿子方天华将其骨灰"沉入台湾海峡靠大陆一侧的海湾内"。

方东美在哲学研究上大体上走过了三个阶段：1936 年夏以前为第一阶段，由于受中国文化，尤其是儒家文化的熏陶而走向对西方哲学的追求，其代表作为《生命情调与美感》《科学哲学与人生》。1966 年夏以前为第二阶段，由西方逐渐返回到东方，代表这个阶段成就的著作是《哲学三慧》。他发表了大量重要的哲学论著，意味着方东美富有原创性的哲学慧解渐次发展，标志着方东美以比较文化学、比较哲学为视角的"方氏"文化哲学理论体系的诞生。1966 年夏以后进入第三阶段，其主要代表著作为《中国形而上学中之宇宙与个人》《从宗教、哲学与哲学人性论看人的疏离》《中国哲学精神及其发展》。此阶段，方东美确立了自己的哲学中心，建立了自己的哲学体系。

抗战期间，本是一名研究西方哲学的学者方东美，更加注意自己民族文化中的哲学，于是他将探索的目光从西方转向东方。他不同意宋儒所强调的"道统论"，认为中国哲学思想传统有四大主潮：原始儒家、原始道家、大乘佛教、宋明理学。四者体现了中国哲学的三大通性：其一，旁通统贯或叫作一以贯之；其二，不拘于知识而重由知识成智慧；其三，人格的超升。在此基础上，他又进一步分析了儒、道、佛三家各自不同的特性。认为中国哲学的价值在于：它沉淀了中国人的精神，启迪人们不断提高生命价值，以达到尽善尽美的境界。

关于哲学，他在《中国人的人生观》中说："哲学思考至少有三种途径：（一）宗教的途径，透过信仰启示而达哲学。（二）科学的途径，透过知识能力而达哲学。（三）人文的途径，透过生命创进而达哲学。"方东美认为，哲学如果走宗教的途径，建构出一套附属于神学的观念系统，那么，由于神学"为了护教而贬抑现世的人类价值"，哲学"也只能促使人们逃避此一玷污的现世"，哲学的本质便成了虚无主义；哲学如果走科学的途径，如同罗素所说"运用精确与固定的科学方法"从而成为"科学的哲学"，或者说"哲学被科学化"，哲学便"只能处理一些干枯抽象的事体，反而把人生种种活泼机趣都剥落殆尽"，"顶多只能以科学化的形式聊备一格，成为多余的存在"。总之，宗教的途径使哲学成为神学的婢女，"作为护教之用"；科学的途径使哲学"成为科学的附庸，不谈价值问题"，两者都使哲学"无法形成雄健的思想体系"。"因而，实在说来，人文主义便形成哲学思想中唯一可以积健为雄的途径。"方东美正是从这个基本观点出发，形成了自己的哲学观。

　　他还进而把弗洛伊德以前重在揭示人的理性行为的心理学，称为"浅层心理学"，把弗洛伊德重在揭示人的非理性行为的心理学，称为"深层心理学"，而这两种心理学均忽视了人的生命精神力量与作用。而把自己不断提高（升）生命价值的学说，称为"高度心理学"。他认为，现代世界因高度物质化而丧失了宗教精神和哲学智慧，主张落实儒家的人生价值，以不断提升生命的意义，从而达到拯救现代人类的目的。

　　方东美曾自我评价道："我的哲学智慧，是从儒家传统中陶冶；我的哲学气魄，是从道家精神中酝酿；我的哲学境界，是从大乘佛教中领略；我的哲学方法，是从西方哲学中提炼。"方东美通晓中国传统文化经典，国学基础扎实，有儒家、道家的修养；又精通英语、法语、德语，沐过欧风美雨，西学功底浓厚，"合东西国学问（之）精粹"。他欣羡于中国古代哲学所臻至的完美与高度，力主中国哲学与文化应回复先秦儒家、道家健康饱满的生命精神。他吸纳中国古代的生命哲学思想，又糅合现代西方柏格森、怀特海等人哲学，乃至古代华严哲学，并以儒家的《易经》哲学贯通之。在 50 余年的学术生涯中，他始终以弘扬中华文化的精神价值为学术主旨，以开放的胸襟对待中国传统文化的各种思想流派，并力图贯穿古今、统摄诸家之学，构建了开放的、有不断更新能力的中国哲学和文化。他深入中西哲学的堂奥，熔铸古今，融汇百家，潜心中华文化的命脉与哲学智慧的研究，建构了成熟完美而自成一家的哲学体系，为中国哲学的现代转折指点了一条新路。

方东美在文学上颇有才气，他把"最伟大的哲学"与"最伟大的宗教"，最终都归结成"最伟大的诗"。他赞同怀特海的"哲学与诗境相接"的观点，欣赏桑塔雅所说的"伟大的宗教境界即是诗之降凡人间"。他说："健全之哲学精神、优美的诗歌艺术与崇高的宗教情操，三者互彻交融，故诗之功能在于做人生之大梦。唯有诗人本身，无分畛域国别，才能做最美的人生之梦。"他对世界各大文化体系进行了深入的研究之后，发现宗教、哲学与诗在精神内涵上是一脉相通的，三者同具崇高性，但必借生命创造的奇迹才能宣泄出来。方东美的人生就是将三者很完美地结合，由诗心而入哲理，"以艺术的情操发展哲学智慧"，把奔放的情思、奇美的文字和高远的境界，都发挥得淋漓尽致。

方东美的诗作，规模阔大，品格自高，以情调理，淹雅闳博，绝去町畦，瑰异杰特，多是对人生的感悟，以及对各种哲学理论和文化现象的悟解，意境广袤而深邃，时时融入哲理思维，折射出耀眼的思想光辉，引人遐思，"为诗坛另辟一重天地"。朱光潜读其诗"欣喜若狂"，称其诗有"兼清刚鲜妍之美"。钱锺书看到他的诗作，十分钦佩地赞叹道："中国古典诗人，如方东美先生者，今后绝也！"

方东美从事教育工作 50 多年，每次授课前，他都细细备课到深夜，并不断增加新见解、新内容，准备得十分充分；上课时，虽无讲稿、提纲，但思路清晰，熟练流畅，有条不紊，不讲半句题外话；他循循善诱，不拘成法，侃侃而谈，多随思绪之飞扬而做激情发挥，"每讲到激动处，目光如炬，双眼如鹰，声声如号角，句句像点兵"，人谓之"天马行空"。难懂枯燥的哲学哲理，他用简洁精练的语句，优美典雅的字辞，形象生动的妙语，无懈可击的论证，辨析讲解得透彻明了，充满趣味，扣人心弦，引人入胜，每堂课上下来都让人感到受益匪浅。他的学生成中英曾在文章中写道："方东美讲课，犹如潜艇飞船，把听者带到海底龙宫九霄云外，去欣赏各种瑰宝珍藏，并领略上天入地的绝妙境界。他能从知识论讲到形而上学，从文化哲学讲到人生哲学。他既把人生的境界结晶为理念的系统，也把理念的系统点化为人生的境界。他是站在生命的价值立场评断古今中外的哲学体系，无一不头头是道，一针见血。并要求学生必须养成一种整体全面的思考习惯。"

50 余年，勤育桃李，雨化诸生，泽惠芳华，"台湾数十年之哲学师资多出于方东美门下"，难以数计的几代哲学英才曾沐其甘露。方东美以其严格推理的治学风格、特有的凝聚力和学者风范影响着莘莘学子，造就了程石泉、陈康、邬昆如、傅佩荣、刘述先、唐君毅、净空法师等一大批或扬名国内，或驰誉异邦的出类拔萃的人才，从而使中华民族文化薪火相传，发扬光大。

方东美逝世后，他的学生成立了"方东美先生全集编纂委员会"，将其生前 400 余万字的著述编辑出版，主要有《科学哲学与人生》《中国人生哲学》《中国人的人生观》《华严宗哲学》《哲学三慧》《生生之德》《中国哲学精神及其发展》《先秦儒家道家哲学》《宋明清哲学》《中国哲学之通性与特点》《原始儒家思想之因袭及创作》《新儒家哲学十八讲》《书札论学集》《坚白精舍诗集》《方东美先生讲演集》等。

储炎庆传略

　　储炎庆（1902—1974），1902 年出生于枞阳县枞阳镇蛟台里。储家祖居枞阳县雨坛乡毛王村储家老屋，四代以打铁为生。1901 年，储炎庆父亲携全家落户枞阳镇蛟台里，砌灶生火，以打铁为生。1908 年，储炎庆的父母亲因病相继去世，哥哥、姐姐及弟弟也先后夭折，刚刚记事的储炎庆就失去了父母的慈爱和家庭的温暖，饱受着苦难的煎熬。18 岁时，他来到了芜湖，进入沈义兴铁匠铺。老板沈德金身怀制作铁画的技艺，但不肯外传，往往在夜深人静之时，才生火操锤，锻制铁画。

　　铁居然能锻出美丽的画面，储炎庆感到十分的新奇。他常常躲藏到阁楼之上，通过楼板缝隙，利用"一孔之见"，剽学师傅从备料、选材、下料、入炉、运锤、结火、锻制、叠形、组接，直至制成铁画的全过程，并在背地里反复模仿操作，终于掌握了制作铁画的技艺。一次，他趁老板外出，点火运锤，一试身手，第一次居然就锻制出 16 幅精美的铁画，前来的客户以为是沈德金所制，以 16 块大洋全部买下。久之，储炎庆打制的铁画已小有名气，越来越受到世人的喜爱和珍视。

　　1935 年，储炎庆在芜湖花津桥附近开了一家储永昌（庆记）铁铺，以打铁器和制铁画为业，维持生计。战火纷飞，社会动荡，储永昌铁铺濒临倒闭。储炎庆一气之下，封炉弃锤，不再打制铁画。新中国成立前夕，芜湖铁业萧条冷落，能工巧匠挂锤改行，1949 年，当时芜湖唯一专门锻制铁画的沈义兴铁匠铺因无子继承而关门歇业，铁画艺术已濒临失传的绝境，

　　在芜湖铁画技艺处于人亡艺绝的紧要关头，政府官员多次登门拜访唯一健在的铁画老艺人储炎庆，使储炎庆感到无比的幸福和感动。将近20 年未操此业的储炎庆，在储永昌铁铺内砌炉架砧，运锤试锻，一幅取材于《白蛇传》的《断桥相会》铁画诞生了，这是新中国成立后锻制的第一幅铁画作品。1955 年，以储炎庆为首的芜湖铁画生产小组成立。储炎庆与画家积极合作，在技术上和艺术上不断创新，创作了《白蛇传——借伞》《奔马》以及《四君子》等作品，终于使行将失传的芜湖铁画技艺被重新挖掘出来，并勃发出新的生机，重放异彩。

　　1956 年，以生产铁画为主、通草画、堆漆画为次的综合性的芜湖工艺美术厂成立。储炎庆带领储春旺、张良华、杨光辉、吴志祥、张德才、颜昌贵、储金霞、王仁甫等储氏八大弟子，匠心独运，不断创新，将国画、铁画技艺和木刻、剪纸、金银首饰镶嵌等技法熔于一炉，创制了一幅幅具有独特气韵的铁画作品，在国内外的影响日益扩大。1958年，储炎庆师徒制作的《天安门》挂屏，置于天安门城楼之上。1958年 9 月 17 日，毛泽东视察安徽省博物馆，以极大的兴趣观看了储炎庆的《奔马》等作品后，并在"奔马"铁画前与时任省委书记的曾希圣合影。这一年，储炎庆出席了全国手工业合作社社员代表大会。次年，又出席了全国群英会。1959 年 5 月，在巴黎举办的国际造型艺术展览上，储炎庆等以铁锻成的《松鹰图》《关山雪霁图》《黄山莲花峰》《牛郎织

女笑开颜》《花蝶》等画作，以其独有的艺术魅力，获得了西方艺术家的惊叹。

1959 年，王石岑主笔的《迎客松》国画稿完成后，储炎庆带领储氏八大弟子以及其他人员共 32 人，在 500 平方米的大车间里，建起了长 25 米、宽 10 米的专用工作台，开始了《迎客松》铁画的锻制。车间里，8 座红炉同时点火升温，8 个徒弟 8 锤齐发，火花喷射，铁汁四溅，敲打锻制的锤声，或震耳欲聋，或清脆悦耳，场面极为壮观。铁画艺人们置身于烟喷火燎之中，以熔铁为墨，以铁锤代笔，以红炉为砚，以钢砧为案，齐心协力，挥汗如雨，日夜奋战，巧化顽铁，千锤百炼，精心锻造，揉铁作画，完成了巨型铁画《迎客松》。

这幅铁画，纵 2.5 米，宽 4.5 米，重达 200 千克，从绘制画稿到锻制成小样品，从小样品锻制成符合规定的大样品，再到按大样品锻制成现在我们所见到的巨幅铁画，历时一年多，共用了 800 多公斤的钢铁。这幅铁画，树干长达 2 米，重 200 余斤。"生长"在树枝上的松针，难以数计，其中树冠之上的松针就有 20000 余根，每根松针都要锤出正反面，敲出沟槽，锻出松花，挑出毛刺；由若干个松针再集成松球，若干个松球再组成松枝；再由小枝到大枝，直到主干。光是树干上那些大小不一、浓淡有致的圈状鳞纹，艺人们就需锻击上 90000 多锤。如此高超的锻打技巧，如此精深的锻制方法，如此变化多端的砧路锤迹，如此纷繁细致的工艺流程，储炎庆师徒所花费的心血和精力是可想而知的。

储炎庆创制的大型铁画《迎客松》，构图别致，意境清新，锻迹锤斑，骨力传神，工艺精湛，古朴典雅，奇松奇画，令人叫绝。迎客松挺立于山崖之上，上部树冠亭亭如盖，松针茂密浓郁，下部枝条如臂膀伸出，树干苔痕斑驳，鳞片参差，挺拔苍劲，铁骨铮铮，衬以近处的岩石和远处的山峦，郁郁苍苍，形态优美。画面酷似国画，又比国画更富立体感，视觉冲击力很强，具有独特的风格和意味。两支庞大的枝丫，微微前倾，酷似一位胸怀宽广、热情好客的主人伸出双臂欢迎远道而来的四方宾朋、八方游客。背景云雾缭绕、渺茫灵空，天都峰的"松鼠跳天都"一景与迎客松遥相呼应，交相辉映。整个作品显得雄浑、大气而又挺拔、俊秀，充满生机与活力，绝妙地体现出中华民族的传统文化精神。

1960年，北京人民大会堂建成，《迎客松》铁画被装置在人民大会堂国家厅，受到了党和国家领导人的赞许，成为国家领导人接待各国贵宾及开展大型重要活动时人们争相合影的背景，为祖国迎来了数不清的珍贵镜头。

新中国成立后，芜湖铁画业很快就生气勃勃地发展起来。而仅存的铁画老艺人储炎庆，则在这承前启后的事业中，发挥了他人无法替代的关键作用，被誉为"新中国成立后芜湖铁画的第一传人"。储炎庆身不离车间，手不离铁锤，敲打随心，点化顽铁成丹青，才技超群，艺震一方，创作了《迎客松》《梅山水库》《牛郎织女笑颜开》等大量的铁画经典之作，攻克了锻造铁字的难题，使芜湖铁画艺术的发展达到了一个新的高峰。他呕心沥血地培养出了以杨光辉、储金霞等"储氏八大弟子"为代表的一批技术娴熟的铁画队伍，为芜湖铁画工艺的发展揭开了一个新的篇章。正是由于储炎庆的传承、激活、发扬光大，使铁画这朵古老的工艺美术之花更加生机盎然，光彩耀眼，流传300多年而不衰。

1974年12月28日，储炎庆因病不幸逝世。1985年，储氏亲属将他的骨灰安葬于枞阳县官埠桥镇继光村大树庄猪头山南面半山腰。

李相符传略

李相符（1905—1963），原名李士腴，笔名林中。1905 年 12 月 4 日出生于枞阳县枞阳镇长安村。他 8 岁时，入私塾念书；13 岁，考取了桐城中学。1919 年秋，进入省立第二甲种农业学校蚕丝科读书；1922 年夏，考入山东农业学校蚕丝系；1924 年，加入中国国民党。五卅运动爆发，反帝、反封建的浪潮席卷全国，李相符任"济南学生总会"和"济南市沪案后援会"负责人。

1926 年 2 月，李相符考入日本北海道帝国大学林科，组织成立国民党北海道支部，任支部主任委员。1927 年"四一二"政变后，李相符公开发表宣言，反对蒋介石、汪精卫之流，宣布解散国民党北海道支部。不久，经中国共产党日本总支部书记王哲民介绍，李相符加入中国共产党，担任中共北海道支部书记，创办革命刊物《真面目》，宣传马克思主义。1929 年春，李相符以日本国立东京目黑林场的实习生身份做掩护，负责"中国留学生社会科学研究会"的工作。10 月 3 日，日本当局与国民党驻日本大使馆相互联手，对在日本的中国共产党人进行全面大搜捕。李相符被捕，被关进监狱。1931年，在同乡王庭梅的努力下，李相符被保释出狱。

1931年4月，李相符回到上海，在中共党组织的安排下，进入上海劳动大学农学院教书，任中国左翼文化总同盟执行委员，创办进步刊物《世界与中国》，从事艰苦卓绝的地下革命工作。1932年初，李相符被派到西安，在中共陕西地下省委从事军事工作，是年冬，负责建立中共陕西地下省委宣传机构。不久，由于内部出现叛徒，李相符南下武汉，从此与中共党组织一度失去联系。1933年秋，在浙江大学农学院森林系任教授。第二年8月，应聘到武汉大学农学院任教。

1937年9月，董必武奉命以中共中央代表身份从延安来到武汉开展党的工作，12月，成立了武汉八路军办事处。李相符同董必武取得了秘密联系，并遵照董必武的指示，通过李世璋取得了"豫南民运专员"职务，在河南鸡公山秘密成立了豫南民运专员办事处。李相符以武汉大学教授兼平汉铁路局农林总场场长的身份，克服重重困难，在豫南一带从事抗日民主运动，组织民众支援抗日，建立民众抗日武装。1938年10月，李相符任豫鄂边区13县抗日工作委员会政治部副主任，进入湖北随县西南大洪山一带开展活动。12月，范文澜等通知李相符说："通过党组织调查，恢复你的中共党组织关系。但为了开展统战工作，尚不必公开中共党员身份。工作可直接向陶铸与钱瑛二位请示。"时为国共合作时期，陶铸以共产党员身份公开活动，李相符则以非党人士面貌出现。在中国共产党的领导下，李相符为维护和促进抗日民族统一战线做了大量的有益工作。

1939年，李相符入川，被四川大学聘为农学院森林系教授。1941年，他在"唯民社"负责组织工作。1944年11月，当选为民盟四川省支部委员，负责青年工作，并担任《青年园地》半月刊的社长。1944

年 11 月初，在李相符的领导和组织下，以成都的 7 所大学（燕京、金陵、金女大、华西、齐鲁、中央、川大）里的 20 多名地下党员和进步学生为骨干，成立了中国青年民主救亡协会。四川大学铮园 3 号小阁楼上的李相符宿舍，是中国青年民主救亡协会和成都学生运动的地下司令部。李相符不但是决策者和地下组织者，而且凡重大集会和游行示威等活动，他都是站在最前列的主将和指挥者。1945 年 10 月，李相符当选为中国民主同盟中央委员，并担任青年工作委员会副主任。他全力从事民主爱国运动，为西南大后方的爱国民主运动从低潮走向高潮，起了积极的推动作用。1946 年 3 月，国民党特务策划了"先收拾李相符，再来收拾彭迪先和陶大镛（二人均是四川大学经济系教授）"的阴谋，炮制了轰动一时的"川大三教授事件"，校长黄季陆将李相符"礼送出校"。

1946 年 9 月，李相符离开四川，转移到南京民盟总部工作。10 月 27 日，国民党当局宣布民盟为"非法团体"，勒令解散民盟总部，取缔民盟及其成员的一切活动。民盟被迫解散后，在中共党组织的大力支持下，李相符潜行上海，转避香港，协助沈钧儒在香港恢复民盟总部的活动，继续开展民盟工作。1949 年 1 月，李相符辗转到达已经和平解放的北平（北京）。1949 年 9 月 12 日，李相符作为民盟代表，出席了中国人民政治协商会议第一届全体会议。

1949 年 10 月 19 日，李相符被任命为中华人民共和国林垦部副部长。11 月，当选为民盟中央常务委员兼组委会副主任。1951 年 11 月 5 日，任中华人民共和国林业部副部长。他为开拓和发展新中国的林业事业做了大量的工作。

1949 年 11 月，他认真研究了当时我国林业存在的问题，撰写出版了《小规模造林法》一书。他在书中说："在许多年以前，中国的森林是非常丰富的，每一条河流的两岸，每一座绵山冈峦，都曾经是它们的世界。但是现在除掉东北、川康、江西、福建等几个地方还留下有较大的森林面积以外，几乎遍地都是'童山濯濯'了。照森林科学家的推算，要维持一个国家人民对于森林的需要，至少森林面积要占全国土地面积的百分之二十五到百分之三十，才不致感觉缺乏。中国现在森林面积最高的估计也不过占到百分之五，这与全国人民的实际需要差得太远了。"面对当时中国林业的现状，他深感忧虑，认为人民政府应高度重视林业建设。这些肺腑之言，就在今天看来，仍有着高远的前瞻性和一定的警示作用。

1952年7月，教育部在北京召开全国农学院院长会议，宣布在全国建立北京、南京、东北三所林学院。1952年10月，北京林学院（现北京林业大学）正式建校，校址暂定西山大觉寺（1954年迁到海淀区肖庄），李相符被任命为第一任院长，1956年11月，兼任党委书记。李相符主持学院工作的近十年，正处于万事开头难的建校初期，他兢兢业业，艰苦奋斗，努力创建和理顺教学秩序，使学校在短期内取得了飞速发展，取得了显著成绩，跻身北京八大院校之列，为学院的建设和发展，做出了不可磨灭的贡献。1962年12月，李相符调任中国林业科学研究院副院长，当选为中国林学会第三届理事会理事长。1963年10月20日，李相符因病逝世。

施剑翘传略

施剑翘（1906—1979），原名施谷兰，施从滨长女，枞阳县会宫镇夏咀村施家嘴人。幼时受过私塾先生传授，对古诗文有兴趣，有诗作传世。

1925 年，鲁军前敌总指挥、施剑翘父亲施从滨率军与闽、浙巡阅使孙传芳部作战时，在皖北固镇被孙传芳部俘虏，解往蚌埠。孙传芳恼怒施从滨不理会他的劝降，于 1925 年 11 月 3 日，将施从滨押至蚌埠车站西侧旷野，斩首示众，暴尸三日。"战地惊鸿传噩耗，闺中疑假复疑真。背娘偷问归来使，恳叔潜移劫后身。被俘牺牲无公理，暴尸悬首灭人情。痛心谁识儿心苦，誓报父仇不顾身。"施从滨在蚌埠惨遭杀害的消息传来，犹如晴天霹雳，全家人号啕大哭，哀痛欲绝。施剑翘噙泪啼血，痛不欲生，立下壮志，誓报父仇。

当时，凭施剑翘一个弱女子，对一个身为五省联帅、握有重兵的大军阀，又怎生奈何？她先后只好将为父报仇的希望寄托在堂兄施中诚（时任烟台警备处司令）和丈夫施靖公（时在阎锡山处任中校参谋）身上。没想到二人随着官职的升迁，而忘却了施剑翘全家的重托，把报仇的诺言置之脑后。光阴蹉跎，一晃 10 年即将过去，大仇未报，壮志未酬，施剑翘仰天慨叹："一切牺牲为父仇，年年不报使人愁。痴心原望求人助，结果仍须自出头。"施剑翘深感求人不如求自己，决定不再依附于任何人，只身挑起报仇的重任。

1935 年 5 月，施剑翘得知，孙传芳虽然息影津门，诵经拜佛，却在暗中组织国家主义派与日本间谍土肥原贤二勾结，阴谋策动"华北自治"，企图分裂国家。具有强烈爱国心的施剑翘眼中闪出了愤怒的光芒，喃喃自语地说："孙传芳和土肥原贤二勾结卖国，我不马上打死他，他将使我的家仇变为国仇。"6 月，施剑翘带着 7 岁的长子大利和 2 岁的次子小利离开太原，来到天津，通过各种途径查访孙传芳的信息。据施剑翘在法庭上自供：她的长子大利和孙传芳的女儿孙家敏在培才幼稚园上学时同在一班，施剑翘找到了孙家敏，获知了孙家汽车牌号，探得了孙传芳的住所在英租界 20 号。从天祥市场算命先生那里见到了孙传芳的照片，在仁昌广播电台门前偷窥到孙传芳的体貌。又打听到孙传芳每周星期三、星期六必到天津南马路草厂庵居士林参禅听经的信息。掌握许多线索之后，施剑翘心中窃喜不已。夜间，她遥望星空，缅怀至亲，愤而吟出"翘首望明月，拔剑问青天"的诗句，遂易名施剑翘，并将两个儿子大利、小利的名字分别改为"金刃"和"尧羽"。

1935 年 11 月 13 日，星期三，是预定枪杀孙传芳的日子。施剑翘穿上长大衣，将手枪、传单等装入口袋，来到草厂庵居士林。讲坛上富明法师正在领颂《大佛顶首楞经》。施剑翘不动声色、若无其事地走进佛堂，坐到孙传芳背后。不共戴天的仇人就在眼前，等待 10 年的机会终于来到了。她猛地上前一步，跨到了孙传芳的右后方，从大衣右口袋里打开枪的保险，蓦地抽出手枪，对准孙传芳的脑袋，连开三枪，"第一枪，弹由后脑打入，由左太阳穴而出。孙氏当即应声仆于佛案之旁，鲜血溅满经卷。是时，全堂诵经人均以为系院外发生何事，群向侧耳谛听时，施氏又开第二枪，弹由背后穿过，由前心透出，凶手犹恐孙不死，又开枪向孙头部轰击一响，于是脑血四溢汩汩满地"。孙传芳一命呜呼，死于复仇者之手。施剑翘从口袋里拿出《告国人书》和传单，撒向庭院，警察闻讯赶到，施剑翘将手枪交给警察，遂被带往天津第一警察分局。

第二天，天津《益世报》以《施从滨有女复仇　孙传芳佛堂送命》为题做了详尽的长篇报道，并披露传单内容："各位先生注意：一、今天施剑翘（原名谷兰）打死孙传芳，是为先父施从滨报仇；二、详细情形看我的《告国人书》；三、大仇已报，我即向法院自首；四、血溅佛堂，惊骇各位，谨以至诚向居士林及各位表示歉意。仇女施剑翘谨启（红色手印）。"背面还有两首七言诗，其一："父仇未敢片时忘，更痛萱堂两鬓霜。纵怕重伤慈母意，时机不许再延长。"其二："不堪回首十年前，物自依然景自迁。常到林中非拜佛，剑翘求死不求仙。"世人关注的《告国人书》，直到12月26日才由上海《时报》率先披露。《告国人书》共1000多字，详述施家与孙传芳结怨的由来，历数孙传芳祸国殃民的累累罪行，诉说枪杀孙传芳的动机和为父报仇的决心以及十年寻仇历尽艰辛的过程。《告国人书》最后说："先父之冤，举国尽悉，中外人士，俱起公愤。……十年来，施剑翘忍痛含悲，侍母教弟，蜷伏津门，期乘杂乱纷争之际，以雪此仇。……孙传芳鬼蜮其心，豺狼成性，冒天下之大不韪，启内战之端源，粉身碎骨，死有余辜。……施剑翘今日一朝杀死仇人，甘愿受法律制裁。……伏乞苍天鉴翘一点愚忱，使此鬼蜮豺狼勿再逍遥法外，使人人皆知施从滨大仇已报，则翘瞑目矣。"

　　1936 年 9 月 9 日，被判处有期徒刑 7 年的施剑翘服刑于天津第三监狱。施剑翘手刃大军阀孙传芳之举，震惊国内外，影响大，社会反映强烈，舆论对施剑翘纷至同情。如当时在天津《晶报》上刊载的旅京安徽学会请予政府准予特赦的通电说："今剑翘以一弱质女郎，怀十载必死之心，出匕首于溅血从容之会，大勇大孝，为国锄奸，于国于民有功，其事可哀，其事足纪。诚足以惊天地、泣鬼神，廉顽立懦，震烁古今也！……祈全国父老兄弟诸姑姐妹，闻而兴起，一致声援，吁请特赦。"10 月初，冯玉祥联合李烈钧、张继、于右任、焦易堂等 30 余位党政要人，公开上书政府，请求特赦施剑翘。

　　10 月 14 日，国民政府发布命令，念施剑翘 "以其父施从滨曩年为孙传芳所惨害，痛切父仇，乘机行刺，并即时坦然自首，听候惩处。论其杀人行为，固属触犯《刑法》，而以一女子发于孝思，奋身不顾，其志可哀，其情尤可原。……兹依《中华民国训政时期约法》第六十八条之规定，宣告将原判处有期徒刑七年之施剑翘，特予救免，以示矜恤。此令"。10 月 21 日，施剑翘脱下囚装，离开了监狱。

　　抗日战争爆发后，施剑翘从南京移居长沙，积极投身于抗日救亡活动。她写给张治中的信只有 8 个字："我要求做抗日工作。"张治中被这位 "侠女" 的爱国之诚所感动，任命她为湖南省抗敌后援总会慰问组主任。平型关大捷后，她冲破重重阻力，将抗敌后援总会筹集到的慰劳品，送到了八路军驻长沙办事处。1941 年 7 月，施剑翘迁居四川合川县，组织成立了献机委员会，并担任指导长，经过努力，合川人民捐献出了足以购买三驾战斗机的巨额资金。

　　抗战胜利后，施剑翘迁居江苏苏州。1946 年，创办了集收容与教学为一体的私立从云小学，直至苏州解放前夕，从云小学一直是党的地下联络站和交通站。1952 年，施剑翘把学校捐给国家，即现在的苏州市第十五中学。1946 年 9 月 23 日，施剑翘皈依佛门，后过着随缘自适的日子。

　　新中国成立后，施剑翘任苏州市妇联副主席，被选为苏州市人代会代表，政协北京市第二至第五届委员。1979 年 8 月 27 日，施剑翘因病逝世，葬于苏州市天灵公墓。

童长荣传略

　　童长荣（1907—1934），字灿华，化名张树华、张长荣，枞阳县枞阳镇正大街人。童长荣5岁时，进私塾读书；两年后，转入枞阳镇陶公祠初级小学；1917年，升入桐城县第二高级小学；1921年，考入安徽省立第一师范学校。

　　1921年4月，安庆各校的进步学生先后在怀宁学堂和菱湖公园集会，成立了"社会主义青年团"组织，童长荣加入了青年团。他是该组织的第一批团员，同时也成为安徽省学生联合会的领导成员之一。1923年，童长荣与省学联其他领导人一起，组织了"倒吕（吕调元）运动"和"惩戒猪仔议员张伯衍、何雯的斗争"，声势浩大，大快人心。事后，安徽省长吕调元和安徽军务帮办马联甲，下令通缉捉拿童长荣等36人。童长荣避居上海，在上海，他组织了"安徽流亡学生反对贿选团"，主办发行《黎明周刊》。1925年春，童长荣回到安庆。上海"五卅"惨案发生后，童长荣等借"六二"学潮纪念日，组织安庆各校学生罢课示威，并举行姜高琦、周肇基烈士墓的落成典礼，声援上海人民的反帝爱国斗争。

1925 年 7 月，童长荣和王步文、余大化等东渡日本。8 月，童长荣考入东京帝国大学第一高等学校，并成为青年学生运动的先锋和领导骨干。9 月，他加入中国共产党，组织"社会科学研究会"，坚持开展反帝爱国斗争。1926 年春，他与王步文、王树声等同志一起，建立中共东京特别支部，童长荣当选为中共东京特支领导成员，具体负责共青团的领导工作。他团结进步力量，通过各种形式，先后同"西山会议派"和"戴季陶主义"进行了坚决斗争。1928 年 5 月，"济南惨案"的消息传到东京后，童长荣等组织"中国留日各界反日出兵大同盟"和"留日学生归国团"，掀起了声势浩大的反日爱国斗争。日本当局将童长荣逮捕入狱，两个月后，以宣传共产主义的"罪名"，把他驱逐出境。

1928 年秋，童长荣回到当时党中央首脑机关所在地上海后，组织"反帝大同盟"，奔走在苏、浙、豫、皖之间，公开进行反帝爱国活动。1930 年 3 月，他被派到中共上海沪中区委，初任区委宣传委员，继任区委书记。他经常在太阳社的刊物上发表爱国作品，秘密参加并领导了左翼作家联盟的筹建，"成立前的联系协调、起草纲领、拟定发起人名单等具体工作他都出力甚多"，是中国共产党领导的革命文学界组织"中国左翼作家联盟"实际上的发起人之一。是年底，童长荣被调往河南，任中共河南省委书记，1931 年 3 月，调任中共大连市委书记，出色地完成了党交给的各项重要而光荣的任务。

"九一八"事变后，东北社会矛盾发生深刻变化，童长荣要求中共在东北的工作重心转变到抗日救国上来，并全力领导东北抗战。1931 年 11 月，中共党组织任命童长荣为中共满洲省委委员，指派他前往抗日前线的东满地区就任特委书记，建立中国共产党领导下的抗日武装。

今吉林省延边地区，是汉、朝、日移民杂居之地，形势极为复杂，早在"九一八"之前，这里就被日本侵略者控制，日寇肆虐，汉奸猖獗，土匪蜂起，党的基层组织和革命力量受到严重破坏。针对这种环境恶劣、斗争尖锐的局面，童长荣以高超的领导艺术和卓越的组织才能，整顿或重建被破坏的基层党团组织，积极发展党团员，开始进行中共在东满工作中心的转移。到1931年底，党员人数发展到1000多人，党的队伍壮大了，党的战斗力提高了。1931年12月，童长荣在延吉县瓮声砬子主持召开了为期10天、共有40多人参加的东满各县党团员、积极分子会议。这次会议的召开，使党团员振奋了精神，坚定了信心，精神面貌焕然一新，从而为中共在东满地区创建抗日武装，建立抗日根据地，掀起抗日救国斗争新高潮，奠定了思想基础。

1932年春天，童长荣组织发动4000多人，在延吉县依兰地区开展了大规模的反春荒斗争，捣毁日寇特务机关"朝鲜人民会"，清算汉奸走狗，夺取敌人武器，开展武装斗争。从此，革命斗争的烈火熊熊燃起，迅速燃遍了东满大地，中国共产党领导下的人民抗日武装"赤卫队""别动队""突击队"等半军事性的民众武装组织陆续建立，延吉、珲春、和龙、汪清等抗日游击队和抗日根据地相继创建。1933年1月，童长荣和东满特委其他同志一起，对东满4县的抗日游击队进行了整编，建立起中国工农红军第32军东满游击队。中国共产党直接领导下的东满抗日武装初具规模。东满游击队在童长荣的领导下，在很短的时间里，东满游击队的人数迅速增加，逐渐发展成为当地抗日武装力量的核心，为后来组建东北抗日联军第2路军奠定了坚实的基础。在很短的时间里，东满游击根据地的范围不断扩大，成为中国共产党领导的长白山地区抗日游击根据地的重要组成部分。童长荣为推动东满地区抗日运动的不断深入发展做出了重要贡献。

从 1933 年春开始，日本侵略军向各游击区发动了疯狂、血腥的"大讨伐"，一轮接一轮，几无间隔。在一年多的时间里，童长荣率领游击区军民，同日伪战斗达 60 多次，仅在汪清一地就歼敌 300 多人，取得了反"讨伐"斗争的重大胜利。东满抗日游击队在连续恶战中反而得到了进一步发展和壮大，到 1933 年底，东满各县游击队发展到 700 多人，群众武装自卫队发展到 1000 多人，成立了 6 个区级苏维埃政权和 20 多个村级苏维埃政权。

东满地区日益高涨的抗日怒潮，严重打击了日伪势力。日本侵略者对游击队展开了猛烈的攻势，使游击队的活动变得越来越困难，战争异常残酷、艰巨。童长荣和抗日战士们在深山密林中，顶着逆风、冒着严寒、爬着坚冰、陷着雪坑，零下三四十度还穿着单衣、单鞋，甚至赤脚在雪地里行军作战。经常靠吃野菜充饥，靠喝雪水解渴。人人随身都带着一口小锅和一把小铲子，饿了就用小锅煮野草，晚上就用小铲子铲出一块空地休息。童长荣率领游击队经受着常人难以忍受的考验，天天打游击，与敌人做殊死搏斗，始终保持着旺盛的革命斗志。在历次战斗中，他都以身作则，身先士卒，哪里情况危急，哪里有激战，他就出现在哪里。

艰苦的战斗生活和忘我的拼命工作，严重损害了童长荣的健康，他患有的肺病更加严重了，常常大量咯血，昏迷不醒，病情不断恶化，时而还会出现半身不遂症状。战友们担心他的安全，劝他注意休息，他却总是说："作为一个共产党员，只要有口气，就要坚持斗争，直到最后胜利。"

1934 年 2 月，日伪又开始了新一轮的大"讨伐"，童长荣以垂危病躯，指挥游击队员在汪清县十里坪与"讨伐队"展开了激烈的战斗。3月21日，童长荣率队转战到十里坪庙沟大北沟时，被敌人包围，情况非常危急。他身患重病又负重伤，战士们要背他突围。他却果断命令大家："不要顾我，为了消灭敌人，解放全中国，你们赶快冲出去。"战友们突出包围圈后，童长荣在汪清县妇女委员崔今淑的搀扶下，以无比坚定的毅力，英勇顽强地战斗着。在激战中，童长荣不幸腹部中弹，牺牲于十里坪村北山之麓，后安葬于吉林省延边朝鲜自治州汪清县庙沟村大北沟。

黄镇传略

黄镇（1909—1989），乳名百知，又名佩寰、士元，字临云。1909年1月8日出生于枞阳县横埠镇黄山村双井边。他5岁上私塾，8岁入族学，12岁考取桐城中学。1925年，考入上海美术专科学校；1927年，转入上海新华艺术学校，毕业后，在双井边创办谵诚小学；1929年，担任浮山公学美术教员。1930年6月到达郑州入冯玉祥将军部，历任西北军炮兵师中尉参谋，国民革命军第26路军74旅上尉参谋、军训处干事兼旅部书记。

1931年12月14日，黄镇参加了赵博生、董振堂等领导的宁都起义，加入中国工农红军，任红五军政治部宣传干事兼"猛进"剧社社长。次年6月，加入中国共产党，任红五军政治部文化科科长。他创作和导演的《英雄上前线》《粉碎敌人的乌龟壳》等反映红军战斗生活的话剧、歌舞剧和歌曲，在红军中广为流传，绘制的大幅油漆画《粉碎敌人五次进攻》悬挂于第二次全国苏维埃代表大会会场。1934年10月，时任军委纵队政治部宣传科科长的黄镇，参加了二万五千里长征，1935

年 6 月，红一方面军与红四方面军举行懋功会师庆祝大会，黄镇创作的独幕话剧《破草鞋》首次上演，即受到部队官兵和群众的热烈欢迎和高度评价。1935 年 11 月至 1937 年底，黄镇历任红十五军团政治部宣传部部长，红军历史征编委员会委员，八路军野战政治部宣传部副部长、政治部民运部部长。他经历了无数次的战斗，先后参加了广东南雄、水口，江西南丰，湖北东陂、黄陂，第五次反"围剿"和东征、西征等一系列重大战役。

1938 年 5 月至 11 月，黄镇任冀西八路军工作团长期间，进驻长治，为开辟晋东南抗日根据地做了大量卓有成效的工作。1939 年 3 月，黄镇被任命为晋冀豫军区政治委员，4 月，他和倪志亮、王树声等指挥晋冀豫边区游击纵队 5 个游击支队，英勇作战，屡建奇功，在不到一年的时间内，就发展到五个军分区，基干武装达到 20000 余人；9 月，黄镇被选为中共晋冀豫区党委委员兼任区党委军事部部长。

1940 年 3 月 20 日，黄镇与汪乃贵等指挥冀西游击队第三、第六支队，晋冀豫边区游击纵队第七团两个营和元氏独立营，在河北省元氏县黑水河地区设伏围歼，毙伤伪军 200 余人，击毙日军 100 余人，并缴获山炮 1 门；3 月 25 日，500 名日伪军，在飞机的配合下，发起报复性袭击。黄镇指挥军区第七团迎战，机枪手击落日军飞机 1 架。这是晋冀豫军区部队首次缴获山炮和用步兵武器击落飞机。5 月，黄镇被任命为八路军 129 师政治部副主任。1942 年间，他先后多次到太行军区第三、第六分区，指挥部队同日寇浴血奋战，取得了反"扫荡"作战的多次胜利。

1943 年 8 月 18 日至 8 月 26 日，黄镇、李达始终在作战第一线，指挥林南战役。是役，共歼日伪军 7000 余人，击落敌机 1 架，收复和攻克敌据点 80 多处，解放人口达 40 余万。9 月 8 日，太行军区在这片土地上组建了第七、第八两个军分区，太行军区一下子扩展到黄河之滨。1943 年 10 月，黄镇任太行军区副政治委员兼政治部主任和中共太行区党委副书记，他参与了许多重大政治、军事决策的制订及决定工作，签署了一系列指示和命令，为太行军区的创立和发展做出了积极的贡献。1945 年间，他同李达、李雪峰一起，指挥部队进行了道清战役、安阳战役等局部反攻作战，战果辉煌，从日伪军手中光复了大片国土。随后又率太行军民，对拒绝向八路军投降的日伪军发起全面进攻，取得很大胜利。

1946 年 1 月，黄镇以少将军衔作为北平军事调处执行部新乡第 10 中心执行小组的中共首席代表，同美军和国民党军队代表在谈判桌上进行了针锋相对的斗争，出色地完成了谈判使命。

1947 年 2 月 7 日，秦基伟、黄镇等奉命发起了汤（阴）西反击战。血战七昼夜，彻底摧垮了敌人的 36 处据点，歼敌 2500 余人。3 月 22 日至 5 月 25 日，秦基伟、黄镇等指挥太行军区独一、独二旅，参加了豫北反攻战。7 月，率部全线出击，解放了博爱、武涉、孟县、沁阳、修武等县城，歼敌 4000 多人。8 月，晋冀鲁豫军区第九纵队成立，秦基伟任司令员，黄镇任政治委员兼党委书记。8 月 24 日，秦基伟、黄镇率部夜渡黄河。经 1 个月的作战，共歼敌 9000 多人，解放了洛阳以南、伏牛山北麓的广大地区。11 月，连克鲁山、宝丰、叶县、方城、南召五城，逐步建成和巩固了以伏牛山为中心的豫西根据地。当时，国民党第五兵团李铁军部在临（汝）、鲁（山）、宝（丰）地区寻找解放军主力作战。陈赓决定将主力向伏牛山东麓广大地区展开，待机歼敌；以一部兵力伪装成主力，用"牵牛"的战法将李铁军部主力西引、拖垮，为将其围歼创造条件。黄镇与黄新友等率九纵第二十五旅并指挥第四纵队第十三旅，担负起执行"牵牛"的任务，最终将李铁军部牵入西峡口，

"捆"在宛西，进入陈赓预设的包围圈，成功地歼灭了敌整三师。"豫西牵牛"是陈赓将军的杰作，但这和黄镇在实战一线的具体指挥是分不开的，黄镇巧妙诱敌，智牵"蛮牛"，被传为佳话。

1948年6月，黄镇调军委总政治部，任第一研究室主任、研究委员会副主任，负责全军组织工作。1949年3月，主持设计了中国人民解放军军旗、军徽。

1950年6月13日，黄镇被任命为我国首任驻匈牙利人民共和国特命全权大使并兼管我国同阿尔巴尼亚的外交事务，出色地完成了他的第一次外交使命。1954年9月21日，黄镇调任为驻印度尼西亚共和国特命全权大使，将中国与印尼关系推向了一个新的阶段。1958年，黄镇任届期满，印尼总统苏加诺给毛泽东打电报，要求延长黄镇的任期，直到1961年黄镇才奉调回国，这在新中国外交史上是罕见的。1961年4月23日，黄镇任外交部副部长。1964年4月27日，黄镇任中华人民共和国首任驻法兰西共和国特命全权大使，这是新中国第一任驻西方国家的使节。他促成中国与法国的贸易往来，神话般地打开了西方对中国禁运的缺口；主持了同赤道几内亚、意大利、智利、圣马力诺、土耳其、比利时、黎巴嫩、扎伊尔、澳大利亚、西班牙等国的建交谈判，并代表中国政府签署了建交公报。圆满地完成了许多重要的外交使命，为祖国国际地位的提高做出了重要贡献。

1971年7月，黄镇奉命紧急接受了在巴黎建立中美秘密渠道的特殊使命，并担任中方联络代表。从7月19日美方的联络代表沃尔特斯秘密来到中国驻法大使馆开始，直到1972年3月秘密渠道结束，黄镇与沃尔特斯会晤45次，与基辛格会晤4次，会谈内容包括双边关系和国际问题。1972年2月，巴黎秘密渠道改为公开渠道，从1972年3月13日美驻法大使沃森第一次到我驻法使馆正式拜会，到1973年2月中美决定互设联络处为止，公开渠道共联系 97 次。黄镇做了大量的卓有成效的工作，圆满完成了巴黎渠道所承担的历史使命，在中美关系史上写下了重要一笔。1973 年 3 月 30 日，黄镇被任命为中国驻华盛顿联络处主任（大使衔）。这是在尼克松总统实现破冰之旅后，中美关系尚未实现正常化之前的特定时期、特定条件下，中美双方为建立一个便捷的联络渠道而采取的一个特殊的措施。联络处的作用，被毛泽东主席比喻为"比大使馆还使馆"。黄镇忠实执行毛泽东主席所制订的外交路线和战略决策，完成了大量艰巨而复杂的任务，为实现中美关系正常化铺平了道路。1977 年 11 月 18 日，黄镇离任回国。回国一年之后，中美两国就正式建立了外交关系。美国前总统布什曾说："在我们两国正式建立外交关系之前的艰难时期，黄大使有幸参与了我们两国之间扩大了解、相互沟通的重要过程。黄镇对这一持续至今的重要进程做出了巨大贡献。"美国前驻华大使李洁明说："他（黄镇）是中华人民共和国的杰出代表，开启了美中关系的大门。"

1977 年 12 月至 1989 年 12 月间，黄镇历任中共中央宣传部第一副部长，兼任中华人民共和国文化部部长、党组书记和对外文化联络委员会党组书记、主任，中共中央顾问委员会委员，中共中央整党工作指导委专职委员，全国人民代表大会外事委员会顾问，中国残疾人福利基金会名誉理事，中顾委常务委员会委员，中美友好协会会长等职。1989 年 12 月 10 日 6 时 40 分，黄镇在北京逝世。1990 年 1 月 14 日，黄镇骨灰被安葬在河北省涉县赤崖村将军岭。

黄镇具有颇高的文化艺术修养，早在上海读书期间，时任美专校长的刘海粟就有"黄镇同学书画篆刻古穆刚劲、气势不凡"的评语。他在长征途中创作的《西行漫画》（《长征画集》），是"红军长征中仅有的形象史料和珍贵的艺术品"。1989 年，人民美术出版社出版了《黄镇书画选集》，1994 年，中国友谊出版公司出版了《黄镇文集》。

在战争年代，黄镇身经百战，作战勇敢，出生入死，驰骋疆场，指挥才能出色，"是文武双全的政治委员"。在外交战线，他肩负重任，纵横捭阖，不辱使命，业绩卓著，"深受毛泽东主席、周恩来总理的信赖"。在文化战线，黄镇殚精竭虑，雷厉风行，奋发图强，坚持改革开放，"做了大量开拓性的工作"。他的文艺作品，主题鲜明，内涵深蕴，时代感强，具有饱满的思想性，"受到了广泛的好评和欢迎"。

慈云桂传略

慈云桂（1917－1990），枞阳县麒麟镇梅花村人。他 5 岁读私塾，7 岁能文，8 岁能诗，13 岁考入桐城中学，18 岁考入省立安庆高中。1938 年，进入湖南大学机械系，后转入电机系；1942 年，被直接保送至当时尚在云南昆明的清华大学，入无线电学研究所读研究生，致力于微波理论与雷达技术研究。研究生毕业后，留清华大学物理系任教。1946 年 8 月，随清华大学迁回北京，在物理系主持创建了无线电实验室；1948 年，参加革命工作；1956 年，加入中国共产党。

1958 年 5 月，慈云桂率领由八人组成的研制小组，正式拉开了研制中国第一代电子管专用计算机的序幕。1958 年 9 月 8 日，我国第一台电子管专用数字计算机（代号为 901）样机研制成功。它的研制成功，标志着慈云桂学术生涯中一段崭新的、辉煌灿烂的历程的开始；它的研制成功，终于撩开了计算机的神秘面纱，向世人昭示我国向世界尖端科学技术迈出了坚实的一步。

20 世纪 60 年代初，面对国际上计算机迅猛发展的现实，慈云桂敏锐地预感到将来世界计算机发展的主流方向，应是晶体全部取代电子管，他以富有技术的预见性和敏锐的洞察力提出了自己的想法，认为，晶体管计算机可靠性高，运算速度快，成本低，是计算机发展的方向，用晶体管研制通用计算机是大势所趋。慈云桂再挑重担，信心百倍，意坚不移，力排众议，坚持要用"国产晶体管"，经过三年多的艰苦奋战，开启晶体管、晶体管通用数字计算机奥秘的钥匙找到了，1964年10月底终于研制成功我国第一台型号为441B的晶体管通用数字计算机，填补了我国晶体管计算机的空白，对中国的计算机迅速进入第二代和中国计算机事业的发展，"是一个极大的推动"。441B晶体管通用数字计算机投入运行后，机器连续运转了268个小时才出现一次故障，如此稳定可靠，在当时来说，是一个奇迹。随后在很短的时间里，441B计算机便在全国一些重点院校、科研单位和国防科委有关试验基地推广了11台。推广速度之快，范围之广，是当时国内所罕见的。

1969年11月4日，国防科委召开的我国"远望"号测量船中心处理机（即151机）的论证会决定：由慈云桂负责研制远望一号测量船的数据处理与指挥引导中心计算机系统。他率先提出了国产化、集成化、百万次级、双机系统的方案，带领由40多人组成的科研队伍，在极其艰苦的条件下，进行着当时最精密、最细致的推算和研制工作。1978年10月，慈云桂主持研制的我国百万次计算机终于胜利地通过了联调和稳定性考试，主机系统连续运行169个小时，超过设计指标，顺利地登上了远望一号船。1980年5月18日，远望号船队胜利地完成了我国第一次向南太平洋预定海域发射洲际导弹试验的测量任务。接着，又先后远涉重洋，完成了我国第一次核潜艇水下导弹发射试验和第一颗同步通信试验卫星的发射与定点的测量任务。测量船上的大脑神经中枢之一

"百万次计算机"，稳定性强，数据处理准确。

1978 年 3 月，中国计算机专家瞄准了世界上最先进的计算机，由慈云桂担任研制我国第一台亿次级巨型计算机任务的技术总指挥和总设计师，他亲临第一线，与专家和技术工人们一起，在攻克了理论上、技术上、工艺上的无数道难关之后，终于于 1982 年底完成了巨型机的研制工作，取得了 20 多项国际水平的创造性成果。1983 年 11 月，国家技术鉴定组对亿次巨型计算机的各项性能，进行了我国计算机史上最严格的技术考核。按规定，允许主机 24 小时出一次故障，但在连续烤机的 12 天里，主机运行了 288 小时无一故障。这标志着我国第一台亿次巨型计算机研制成功，国防科委主任张爱萍亲自为其题名为"银河"。"银河"亿次级巨型计算机的研制成功，达到了国际先进水平，填补了我国巨型计算机的空白，打破了西方大国在超高性能计算机上对我国的封锁，使中国成为继美国、日本之后，第三个能够独立设计和制造巨型计算机的国家，标志着我国电子计算机技术已经发展到了一个全新的阶段。

20 世纪 80 年代初，在国际上刚刚开始研制智能计算机之时，慈云桂立即组织和带领一批博士生开展智能计算机研究，建立了中国智能计算机学会和智能计算机专业组，为汉语语音输入、单字及词组的识别与应用做了大量工作，并在逻辑程序的并行执行模型等前沿研究中取得具有国际先进水平的成果。1989 年，他主持召开了人工智能工具第二届国际会议，为多型号计算机的研制开拓了新的途径。1990 年 7 月 16 日，慈云桂正在对即将出席美国国际会议的每一篇论文进行精心审阅时，突然昏迷，五天后，拼搏不止的心脏停止了跳动。

在中国计算机的发展历史上，从电子管计算机、晶体管计算机、集成电路计算机到巨型计算机，慈云桂始终活跃在这一学科领域的最前沿，共设计、研制出 4 代共 26 种型号的计算机，主持创建了我国第一个计算机系和计算机研究所，培养和选拔了大批科技人才。他的足迹，折射了中国计算机事业发展的轨迹。论者认为："在中国国产计算机领域里，慈云桂主持研制的计算机种类多，时代气息最浓。他善于把准研究工作方向，积极跟踪世界计算机先进水平，并始终走在我国计算机更新换代的最前列。""他在我国计算机研制、后备人才的培养与学术研究等方面的重大贡献是后人无法取代的。"他是我国计算机理论研究的奠基者与计算机研制、发展的开拓者和组织领导者之一，被海内外计算机专家誉为"中国计算机之父"。

慈云桂毕生致力于高等教育和科研事业。历任大连高等海军学校指挥系副教授、一分校教育处通讯系副主任，哈尔滨军事工程学院工程系及电子工程系副主任、计算机系主任，长沙工学院研究所所长，国防科技大学副校长、党委副书记、党委书记，兼电子计算机系主任、计算机研究所所长，国防科工委科技委员会常任委员，中国科学院技术科学部委员。十余次荣获国家级一等奖以上科研和教学成果奖，并被中央军委授予"科技攻关先锋"荣誉称号。曾当选为中国共产党第十届、十一届代表大会代表。他还是美国 IEEE 学会高级会员，《科学通讯》《中国电子学报》《计算机学报》编委，《科学导报》《新一代计算机系统》中国编委。他出版了中、英文专著数百万字，主要有《雷达原理》《雷达工程》《电子对抗》《概率论信息论基础》《数字积分机原理》《结构与应用》《新型数字积分机设计误差分析》《通用数字计算机和数字积分机混合型计算机的原理和设计》《利用以二为底的对数进行一些方程的快速近似算法》《晶体管高速运算器》《151—四分之三大型计算机可靠性分析》《151—四分之三大型计算机系统特点》《151—四分之三大型计算机总体设计》《巨型计算机系统结构分析》《一种无冲突访问的新型存储系统和整数快速除法》等，所著《数学积分机原理结构与应用》一书及关于巨型计算机的设计与研制、软件工程和第五代计算机导论等方面的巨著，多次再版，影响很大。编著了许多有影响的英文文集和著作，其中提出了许多有价值的计算机新算法和对计算机结构的重要见解，受到同行的高度重视。

章培毅传略

　　章培毅（1920—1949），枞阳县横埠镇育才村章家大屋人。1926年，进入私立育才小学读书；1932 年，考入桐城中学。1938 年 6 月，日军攻陷桐城，章培毅来到武汉，在章伯钧的安排下，进入湖北省立联合中学读书。武汉沦陷后，他来到重庆，住在章伯钧家中，不久，考入国立武汉大学工学院电机系（当时迁至乐山），大学毕业后，在重庆青木关中学教书，积极投身于抗日民主活动。

　　1944 年，他加入了中国民主同盟（简称民盟）和中华民族解放行动委员会（第三党）。从此，章培毅开始了他一生中最重要、最辉煌的时期。他坚定地站在中国共产党一边，以饱满的政治热情积极参与各种活动，投身到反独裁、反内战、争民主、争自由的爱国民主运动之中。

　　抗战胜利后，章培毅积极主张全国各党派共同和平建国，实现民主统一，反对国民党的独裁统治和内战阴谋，相信中国共产党会通过和平的手段取得革命胜利。他参加了由民盟联合重庆各界召开的反内战大会，声援昆明学生"一二·一"反内战运动，政治协商会议陪都各界协进会，要求在重庆召开的政治协商会议"只许成功不许失败"的万人大游行，欢送日本文学家、"反战同盟"领导人鹿地亘先生茶话会，张治中为中共中央委员会主席毛泽东举行的欢宴晚会，中共谈判代表王若飞、秦邦宪、叶挺、邓发、黄齐生追悼会，重庆青年联谊大会等多种活动。这些活动，有力地推动了重庆民主革命运动的蓬勃开展。

1946 年 4 月 25 日，章培毅、黄朋豪、李正清、郭思明、吴春选当选为民盟重庆市第二届支部委员。1946 年 5 月初，中华民族解放行动委员会四川省党部在重庆白象街通惠轮船公司正式成立，章伯钧、章培毅等 40 余人出席了成立大会。5 月底，中华民族解放行动委员会在半山新村 3 号举行青年工作委员会成立会议，章培毅当选为青年工作委员会委员。在重庆各界 4271 人联名要求停止内战、以谈判方式解决一切政治问题，李公朴、闻一多追悼大会和发表"李、闻惨案"告世界人民书，和由美国军人强奸北京大学女生沈崇而爆发的大规模示威游行等一场场伟大的爱国运动中，章培毅做了大量卓有成效的工作，在黑暗中呼吁和平，在枪声中呼吁和平，始终战斗在斗争的最前列，为民主、为和平、为一个新的中国而斗争。

1947 年 3 月，中国农工民主党重庆市党部正式成立，章培毅任中国农工民主党重庆市党部执行委员兼发言人。1947 年 10 月 27 日，国民党政府以所谓"勾结共匪，参加叛乱"的罪名，宣布民盟为"非法团体"，决定予以取缔，并进行疯狂的逮捕、暗杀活动。在中共地下党组织的帮助下，章培毅秘密离开重庆到香港，继续从事民主运动。1948 年 9 月，章培毅秘密从香港潜回安庆，在从安庆去重庆途中被国民党特务跟踪，后经中共地下党的营救而脱险。

回到重庆后，章培毅积极筹划组织"平民革命军"，策动各地国民党军队起义、协助中共重庆地下党开展了策反国民党军政人员、搜集军事情报、迎接解放等工作，还策动了广安、永川等地的起义活动。1948 年 11 月，农工民主党重庆市党部内部的特务高庄（时任中国农工民主党重庆市党部执行委员宣传委员会副主任和北碚区负责人）带着国民党特务组成的特别行动组秘密赶到了青木镇，逮捕了章培毅，关进重庆行辕二处第二看守所渣滓洞内。这里关押着 300 多名共产党人和革命志士，章培毅被关押在平一室，因《红岩》长篇小说而家喻户晓的江竹筠被关押在女牢二室。

　　为了从章培毅口中得到民盟、农工民主党组织以及其成员名单等方面的情况，当时被国民党情报界称为"半壁江山，西南红人"的徐远举在审讯章培毅时，用尽了手段，但在章培毅身上却毫无用处。一次次惨无人道的严刑拷打，一次次令人发指的残酷迫害，使章培毅一身刑伤，但却摧不垮他的顽强品格和革命意志。与他同关一室的民盟盟员蔡梦慰在《黑牢诗篇》里，记叙了狱中战友们面对酷刑而坚贞不屈的表现："热铁烙在胸脯上，竹签子钉进每一根指尖，用凉水来灌鼻孔，用电流通过全身。人的意志呀，在地狱的毒火里熬炼，像金子一般的亮！像金子一般的坚！可以使皮肉烧焦，可以使筋骨折断；铁的棍子，木的杠子，撬不开紧咬着的嘴唇，那是千百个战士的安全线呵！"他在《祭》一诗中，赞扬了同狱难友的崇高品质："你们熬受着毒刑，保障了千百个同志的安全。像铁锤击落在炽热的钢上，迸射出意志的火星！敌人愈残酷呀，愈显出你们的坚毅。"章培毅把敌人的酷刑当作"炼成钢的熔炉，琢成玉的磨床"，勇敢地经受住了这血与火的考验。凶残的敌人始终没能从他嘴里掏出有关组织机密的片言只语，他用自己的血肉之躯，"保障了千百个同志的安全"。

　　1949 年 11 月 27 日深夜，国民党反动派对关押在白公馆和渣滓洞里的 300 多名戴着脚镣手铐的"政治犯"进行了疯狂的大屠杀，章培毅和 300 多位革命志士倒在了血泊里。1950 年 2 月，西南军区和川东特委联合组成的烈士资格审查委员会批准其为"革命烈士"。

钱新民传略

　　钱新民（1923—1953），原名钱吉庆。1923 年诞生于枞阳县汤沟镇仪山村一个普通的农户钱金满家中。他 9 岁时，入村上的小学堂读书，1940 年，以优异成绩考入浮山中学。当时，浮山中学广大师生在教师张良培、事务员祖逸湖等中共党员的领导下，掀起了轰轰烈烈的抗日救国斗争的浪潮。钱新民和其他爱国学生一样，关注前方战争，积极地投身抗日救亡运动，成为学生运动的积极分子和组织者。1941 年 8 月，国民党地方政府以"奸党闹校"为由，出动军队，搜捕所谓"奸党"，开除了钱新民、钱国庆、钱世庆等一批爱国学生的学籍，又以"维持交通""保护学生"为借口，布岗设哨，荷枪实弹，包围学校，监视和阻挠师生的爱国行动。

　　当时，以谢忠良为团长、黄火青为政委、黄彬为副团长的新四军第 7 师 19 旅 55 团正在陈瑶湖、三公山一带，执行恢复桐东抗日根据地的任务，坚持着艰苦卓绝的游击战争。在学校地下党组织的帮助下，钱新民、钱国庆、钱世庆、吴良章、孙甫国等 8 位同学直奔桐东，在桐东抗日根据地处境最困难的时期参加了新四军。18 岁的钱新民被分配在新四军第 7 师 55 团当战士，开始了抗日游击战士的戎马生涯。在环境十分险恶、战事极为频繁的情况下，钱新民多次参加了异常惨烈的激战，完成了最艰苦的战斗任务，经受了血与火的洗礼，在枪林弹雨中加入了中国共产党。

1942 年春，新四军第 7 师政治部以中共无为县委领导的文艺宣传队为基础，从各师调进一批文艺人才，在安徽省无为县严桥三水涧成立了"7 师政治部大江剧团"。钱新民被选调到剧团当演员，与叶诚、张望、管荫深、冯灿文、吕其明、亚明、斯群等文艺骨干同台演出，携手共事，为皖江敌后抗日根据地的建设和发展做了大量的工作。

1943 年 2 月，中共桐庐县委遵照新四军军部的指示，决定开辟桐南抗日根据地。钱新民、张格、钱剑峰等奉命随中共桐庐县委组织部部长陈定一来到桐南地区的鸾凤乡，以钱新民家为落脚点和联络点，在环境极为险恶，斗争异常尖锐复杂的情况下，采取"隐蔽发展"的方针，深入桐南各地，秘密开展地下活动。

1943 年 2 月至 1945 年 8 月，钱新民先后担任中共桐南区鸾凤乡乡长、汤沟抗日游击队政治指导员、中共桐南中心区委汤沟分区区委委员、桐南抗日游击大队第 1 中队政治指导员、中共贵西第 3 区（即高吉岭区）区委组织委员、中共贵西第 3 区区委书记等职务。在日、伪、顽的残酷进攻、封锁、夹击以及根据地连年自然灾害的极端困难条件下，他与新四军战士们一起，坚持敌后抗战，多次粉碎了敌军的"扫荡""蚕食""清剿"和伪化，为桐南、贵西抗日根据地的建立、巩固和发展，为发展壮大当地抗日武装力量和开展抗日工作，做出了重要贡献。

解放战争时期，钱新民担任新四军 7 师 21 旅 62 团 3 营 8 连政治指导员、华东野战军第 7 纵队第 20 师某团 3 营教导员、第 3 野战军第 25 军 74 师 222 团政治区副主任等职务，参加了枣庄、涟水、莱芜、孟良崮、淮海、渡江等重大战役，为解放战争在全国的胜利立下了新功。

1950 年 10 月 19 日，中国人民志愿军开赴朝鲜战场。1952 年 9 月 12 日，中国人民志愿军第 9 兵团第 24 军由辽宁安东（丹东）入朝作战。钱新民时任该军 74 师第 222 团政治处主任，他率领 222 团奔赴抗美援朝最前线。

钱新民所在的 24 军 74 师，每人负重 60 多斤，隐蔽出动，行军千里，穿过一个个敌机封锁区，经 20 余日的夜行昼宿，按预定计划于 10 月上旬到达朝鲜元山地区，顺利接下 27 军的防务。钱新民与志愿军指战员们，在很短的时间里，创造性地建成了以坑道工事为骨干、同野战工事相结合的支撑点式的坚固防御体系，多次击退敌军的反扑，主动袭击和伏击"联合国军"，抢占中间地带，夺取其突出的前沿阵地和支撑点，并逐渐扩大作战规模。

从 1952 年秋季开始，中朝军队向"联合国军"阵地发起了第一次有计划有组织的全线进攻，先后对"联合国军"连排防御阵地及个别营防御阵地共 60 个目标发动了 77 次猛烈进攻，共毙伤俘敌 2.8 万余人。在硝烟如雾的战场上，钱新民率身先导，冲锋向前，出生入死，奋勇拼搏，屡建战功。

11 月 25 日，历时 43 天的上甘岭战役以中国军队的胜利而告结束。1953 年 1 月 11 日，钱新民所在的志愿军 24 军奉命到达五圣山地区，接手第 15 军的上甘岭战区防务。为夺回上甘岭战略要地，"联合国军"发动了一次又一次的猛烈反扑。钱新民所在的 74 师第 222 团阵地完全被罩在漫天烟火之中，炮火没有停息过，究竟打退了敌人多少次反扑，谁也说不清楚。1953 年 4 月 20 日，"联合国军"又一次向上甘岭地区发起了猛烈进攻，30 多架 B－29 轰炸机黑压压地扑了上来，啸叫着向 222 团阵地扔下了无数颗炸弹。正在阵地前沿视察敌情的钱新民不幸中弹牺牲，年仅 30 岁。

1953 年 12 月，朝鲜民主主义人民共和国最高人民会议常务委员会授予他"三级国旗勋章"。他的遗体被安葬在朝鲜江原道平康郡的"中国人民志愿军烈士陵园"。

跋

贴近大地的呼吸 | 钱叶全

　　8年前，我在主编《枞阳历史文化名人》时，在书的附页策划了60个文化项目。当时有人以为空穴来风或异想天开。这些项目有什么意义？能够实现吗？实际上，作为文联主编这本书确实不具备文化项目的策划职能，但我还是坚持把这"异想天开"的60个文化项目附录了上去。我知道，一本书要走很远的路，枞阳文化精神的表达绝不能停留在一本书上，而更重要的是在政府肩上，在枞阳民众的唤醒上，在枞阳山水大地的空间表达上。

　　空间表达是一个陌生的词汇。相对于文学的表达，空间表达是一种城市语言。进绍兴城，有一句口号——沿着课本游绍兴，鲁迅先生在课本中的文章是文学的表达，而我们能够走进去的鲁迅故居就是绍兴城市的空间表达。从文学表达到空间表达，有本质的跨越，文学表达是历史传承，空间表达则是创新传承。我们从读进去的历史与走进去的历史得到的信息是不一样的。随着枞阳的对外开放，枞阳对外的精神表达不能仅仅停留在一套丛书上，而要关注人的脚步。人们来枞阳感受什么样的文化？是"静态"的历史文化还是"动态"的历史文化？是面向过去的文化还是面向未来的文化？其实很简单，人们在枞阳作短暂的停留，不是进入枞阳厚重的历史隧道，而是自身生命的体验。在枞阳优美的山水中，生命有一次感动，文化有一次碰撞，信息有一次交流，足够。所以编一套丛书，不要期望人家在枞阳轻快的脚步中背上厚重历史文化的包袱，枞阳呈现给客人的应该永远是大美山水、和谐乡村、淳美乡风和在山水之间的微笑。这才是枞阳，才是枞阳的原生态。但枞阳又是一个历史文化厚重的城市，有着鲜明的地域文化精神，在枞阳的历史、现实和未来中，文化精神有着持续的生命力，隐寓于枞阳生生不息的文脉中，城市的空间表达就必须完成这种职能的转换，让枞阳山水充满着历史脉动，从而实现枞阳文化精神的对外传播。正如荣格认为，历史的积淀是一种集体潜意识，通过表达可以上升为集体精神，这种精神凝聚着地域文化的心理能量，不仅承接历史，更重要的是唤醒现实和照耀未来。

本套丛书梳理了枞阳文化的十个系统（当然不止这些），历史文化居多。如《枞阳历史名人传略》《方以智传》《钱澄之传》《枞阳文选》《枞阳诗选》等，选编这些历史文化入丛书，主要考虑枞阳历史走向的一个纵向坐标，在这个坐标轴上，"人杰地灵"，以枞阳历史名人为特色，枞阳大地自古以来创造了极具地域文化个性的灿烂文化。如：方以智，代表了明清中国科学文化的高峰；钱澄之，代表了以诗记史中国明清诗歌的高峰；方苞、刘大櫆、姚鼐，代表了"桐城派"文化的高峰；吴汝纶，代表了中国近代教育转型改革实践的高峰；朱光潜，代表了中国美学开创者的高峰等。诞生在枞阳大地上的这些历史人物，他们的文化成就远远超越了地域文化局限，而成为中国和世界的文化巨人。因此，我们选编这些历史人物，不是狭隘的地域文化观，而是丰富和发展中华文明、中国文化，在时代的坐标点上，诠释"诗人之窟、文章之府、气节之乡"与长江文明的关系，与中国文化的关系。在空间表达上，长江是中华文明的摇篮，枞阳文明与长江文明一脉相承，枞阳浩如烟海的人杰与长江之滨的这块土地存在文化上的源流关系。枞阳是中国文化的重要发源地和创新地。"勉成国器"，吴汝纶伟大的教育思想揭示了枞阳人的文化胸怀。

空间表达的另一层含义就是"地灵"。姚鼐曾语："独浮屠之俊雄，自梁陈以来，不出二三百里，肩背交而声相应和也，其徒遍天下，奉之为宗。"浮屠，即枞阳浮山，即以浮山为文化圈的枞阳长江流域。现在的地域概念是，县域面积1808.1平方千米，吴头楚尾，长江流经县域84千米，境内四大湖泊水系，均与长江相通。汉武帝在枞阳射蛟置枞阳县，2100年文明史，江水东流，枞阳文化生生不息。而浮山就是一座典型的文化山，位白荡湖之滨，与江水相通，历代名人高僧纷至沓来，留下大量摩崖石刻，出现"浮屠之俊雄"，使枞阳文化自唐以来交流日盛推动"人杰"汹涌。而"地灵"的另一个方面就是枞阳特有的地域环境和地域习俗，经过多年历史积淀，形成枞阳特有的文化基因，进入枞阳人血脉，如《枞阳非遗》《枞阳民俗》等，在"耕读传家"的文化背景下，枞阳人为什么重气节，枞阳人为什么重血性，枞阳人为什么重读书，在枞阳的地理环境包括饮食习惯、语言结构、风土人情中都会找到答案。尽管整理不全面，但揭示了"人杰地灵"的人文地理关系。这是枞阳人真正的家园，也是枞阳人深刻的乡愁。我们眷念这片大地，是因为我们与母亲的呼吸贴得太近。

"枞阳文化丛书"得到顺利编纂，作为主编，我诚挚感谢钱王刚、王乐群、陈靖等十位分册主编的赤子情怀和心血奉献，感谢县委、县政府在枞阳发展的重要节点上高瞻远瞩的文化视野和丛书组委会的决策落实。应该说，这是枞阳的盛事，是枞阳人乡愁的表达，是枞阳文化人的骄傲和自豪。

但我们深知，创新是文化的生命。"丛书"提供的资源能不能上升为枞阳文化精神，转化为枞阳城市的空间语言，任重而道远。旗山公园汉武阁竣工时，《枞阳杂志》发了一篇评论《望长江》，写下这样一段话："枞阳发展的历史和未来都告诉我们，枞阳发展的成就来源于放眼世界的包容和开放；枞阳发展的未来也一定是世界的枞阳和枞阳的世界。"汉武阁正是这样一双为枞阳人打开全球化视野的眼睛。文化不仅是继承，更重要的在于创新。

2016年春，江风浩荡。我的身后是枞阳乡村的阡陌和炊烟。大地温暖，母亲仍在劳作。

（作者系县文联主席、"枞阳文化丛书"主编）

图书在版编目(CIP)数据

枞阳历史名人传略/王乐群著.—合肥:合肥工业大学出版社,2016.12
ISBN 978-7-5650-3203-5

Ⅰ.①枞… Ⅱ.①王… Ⅲ.①历史人物—列传—枞阳县
Ⅳ.①K820.854.4

中国版本图书馆 CIP 数据核字(2017)第 001540 号

枞阳历史名人传略

王乐群 著　　责任编辑 疏利民　　　特约编辑 孙南洋

出　版	合肥工业大学出版社	版　次	2016 年 12 月第 1 版
地　址	合肥市屯溪路 193 号	印　次	2017 年 2 月第 1 次印刷
邮　编	230009	开　本	710 毫米×1010 毫米　1/16
电　话	总 编 室:0551-62903038	印　张	14
	市场营销部:0551-62903198	字　数	170 千字
网　址	www.hfutpress.com.cn	印　刷	安徽联众印刷有限公司
E-mail	hfutpress@163.com	发　行	全国新华书店

ISBN 978-7-5650-3203-5　　　　　　　定价:38.00 元
如果有影响阅读的印装质量问题,请与出版社市场营销部联系调换。